능력과 가치를
높이고 싶다면
된다!

구독자 없어도 **알고리즘** 탄다!
AI로 영상 빠르게 만들어 **수익화까지!**

조회수 터지는

된다!

유튜브
쇼츠
만들기

숏폼 전문 강사
최지영 지음

챌린지 주제
100선 수록!

기획이 쉬워지는
PDF 자료 제공!

이지스 퍼블리싱

능력과 가치를 높이고 싶다면
된다! 시리즈를 만나 보세요.
당신이 성장하도록 돕겠습니다.

👍 조회수 터지는

된다! 유튜브 쇼츠⚡ 만들기
Gotcha! YouTube Shorts That Get Tones of Views

초판 발행 • 2025년 4월 7일
초판 2쇄 • 2025년 4월 28일

지은이 • 최지영
펴낸이 • 이지연
펴낸곳 • 이지스퍼블리싱(주)
출판사 등록번호 • 제313-2010-123호
주소 • 서울특별시 마포구 잔다리로 109 이지스빌딩 3층(우편번호 04003)
대표전화 • 02-325-1722 | **팩스** • 02-326-1723
홈페이지 • www.easyspub.co.kr | **인스타그램** • instagram.com/easyspub_it
Do it! 스터디룸 카페 • cafe.naver.com/doitstudyroom | **페이스북** • www.facebook.com/easyspub

총괄 • 최윤미 | **기획 및 책임편집** • 이수경 | **기획편집 1팀** • 임승빈, 이수경, 지수민
교정교열 • 박명희 | **표지 디자인** • 김근혜 | **본문 디자인** • 트인글터, 김근혜 | **인쇄** • 미래피앤피
마케팅 • 권정하 | **독자지원** • 박애림, 이세진, 김수경 | **영업 및 교재 문의** • 이주동, 김요한(support@easyspub.co.kr)

ISBN 979-11-6303-694-4 13000
가격 22,000원

기다리지 마라. 지금이 가장 적기다.
Don't wait. The time will never be just right.

_ 성공 철학의 대가 **나폴레옹 힐(Napoleon Hill)**

평범한 시작이 만든 특별한 기회!
내 콘텐츠를 유튜브 쇼츠로 알려 보세요!

몇 년 전까지만 해도 저는 평범한 직장인이었습니다. 오랫동안 직장 생활을 하며 "언젠가 퇴사하면 유튜브를 해야지"라고 막연히 꿈꿀 뿐이었죠. 하지만 우습게도 막상 영상을 촬영하면서부터 유튜브를 시작하는 데는 생각보다 큰 용기가 필요하다는 것을 알았습니다. 얼굴을 드러내는 것도 부담스러웠고, 유튜브에서 선택받을 만한 주제로 콘텐츠를 꾸준히 만들어야 한다는 압박감이 몰려오면서 더욱 주저하게 되었습니다. 몇 주 동안 영상을 열심히 만들어 올렸는데 조회수가 고작 2회에 그치면서 정말 포기하고 싶었습니다.

그런데 개인 사업을 시작하면서 가장 먼저 마주한 현실은 마케팅 없이는 아무것도 팔리지 않는다는 것이었습니다. 아무리 대단한 무언가라도 사람들에게 알려지지 않으면 아무 소용이 없다는 것을 뼈저리게 느꼈죠. 그러던 어느 날 쇼츠에서 꼭 얼굴을 노출하지 않아도 되고, 간단한 방식으로 빠르게 영상을 제작할 수 있다는 사실을 깨달았습니다. 이 방법을 실행에 옮기며 놀라운 변화를 경험했습니다. 그렇게 오르지 않던 영상 조회수가 짧은 시간 안에 급격히 증가했고, 광고 수익은 물론 제품 협찬과 직접 판매까지 이어졌어요.

이 경험은 제게 큰 자신감을 심어 주었습니다. 쇼츠는 특별한 사람들만의 무대가 아닙니다. 누구나 시도할 수 있고 원하는 목표에 빠르게 다가갈 수 있는 강력한 도구라고 단언할 수 있어요. 이 책은 제가 숏폼 콘텐츠에 도전하고 실패와 성공을 거듭하며 배운 모든 것을 담은 결과물입니다. 끼가 없는 평범한 사람이 쇼츠를 통해 기회를 열었던 경험을 바탕으로 집필했습니다. 이 책이 여러분에게도 자신감과 실행력을 불어넣어 줄 수 있기를 바랍니다. 여러분도 이 책과 함께 쇼츠를 활용해 꿈을 향해 한 걸음 더 가까이 다가가기를 진심으로 응원합니다.

지금 바로 여러분의 첫 번째 쇼츠를 시작해 보세요. 그 첫걸음이 인생을 바꿀 수 있습니다.

최지영 드림

강의대로 실천하니
어느 새 구독자 만 명이 넘었어요!

필자의 쇼츠 강의를 듣고 성공한 크리에이터 한마디

포기하지 않으면 성공할 수 있어요!

저는 유튜브를 하는 분들이 특별한 능력이 있다고 생각했습니다. 그래서 평범한 저는 유튜브를 꿈꾸지 못했어요. 어느 날 우연히 작가님의 쇼츠 강의를 듣고, 가르쳐 주신 대로 콘텐츠를 제작하니 쇼츠 조회수가 폭발적으로 증가하더라고요.

이전에는 불가능하다고 여겼지만 포기하지 않고 제대로 하면 유튜브로 충분히 성공할 수 있다는 것을 깨달았습니다. 아직 망설이는 독자라면 작가님의 강의가 고스란히 녹아 있는 이 책을 강력히 추천합니다. 작가님의 노하우를 배우면 여러분도 유튜브 쇼츠로 성공할 수 있을 거예요!

▶ 2024년 5월에 시작하여 **2만 구독자**를 보유한
40대 주부 **남궁지은** 님

 2025　　답글

인생을 바꿀 수 있는 안내서가 될 거예요!

쇼츠를 마케팅에 활용해 보려고 시도한 적이 있습니다. 하지만 아무 요령 없이 맨땅에 헤딩하듯 무작정 부딪히다 보니 조회수가 기대에 한참 못 미쳤고, 당연히 구매 전환율도 바닥을 쳤습니다. 그러다 작가님의 쇼츠 강의를 듣고 그대로 실행해 보았습니다.

놀랍게도 첫 번째로 올린 쇼츠 영상 조회수가 35만을 달성했습니다. 그동안 쇼츠는 단순히 운에 좌우될 뿐 특별한 비법은 없다고 믿어 왔지만 강의해 주신 대로 따라 했더니 결과가 바로 나타나는 걸 눈으로 확인했습니다. '쇼츠는 절대 운으로만 되는 게 아니구나! 다 방법이 있구나!' 실감했죠. 그 이후로 자신감을 얻어 좀 더 다양한 콘텐츠를 제작했더니 더 큰 성과가 나타났습니다.

만약 저처럼 쇼츠를 포기한 적이 있거나 숨어 있는 비법이 궁금하다면 이 책을 꼭 펼쳐 보세요. 인생에서 전환점 역할을 하는 안내서가 될 것입니다. 새로운 가능성을 열어 주신 작가님께 깊은 감사를 전합니다!

▶ 2024년 7월에 시작하여 **9만 6천 구독자**를 보유한
사진작가 **난나** 님

 2025　　답글

첫째마당에서 유튜브 쇼츠 제작에 대한 두려움을 극복하고 전체 흐름을 이해한 뒤 둘째마당과 셋째마당에서 쇼츠의 기획부터 제작, 노출 관리, 수익화 과정을 본격적으로 소개합니다. 특히 셋째마당은 영상을 올리고 채널을 운영하면서 필요한 내용을 다루니 채널을 만든 이후에 쇼츠로 성공할 때까지 책을 손에서 놓지 말고 해법을 얻어 가세요!

잘나가는 키워드도 탐색해 봐요!

기획

주제 선정하고 대본 작성하기

▶ 비드아이큐 200% 활용법 4가지

다른 영상의 키워드를 벤치마킹하면 핵심 키워드를 빠르게 발굴할 수 있습니다. 비드아이큐는 다른 영상을 벤치마킹할 때 정확한 데이터를 얻을 수 있는 유용한 도구입니다. 비드아이큐로 키워드의 효력을 분석하는 방법을 자세히 살펴보겠습니다. ❶과 ❷는 검색 결과 화면에서, ❸과 ❹는 영상을 클릭한 화면에서 확인할 수 있습니다.

03~04장
▼

제작

영상 만들고 업로드하기

하면 된다!) 브루로 영상 만들기

챗GPT로 만든 대본을 브루에 입력하면 영상을 빠르게 만들 수 있습니다. 앞서 브루 사용법을 자세히 배웠으니 이번에는 빠른 속도로 실습을 진행하겠습니다.

01 영상 기본 틀 설정하기
❶ PC에서 브루를 실행하고 [새로 만들기]를 선택합니다. ❷ 새로 만들기 창이 나타나면 [텍스트로 비디오 만들기]를 선택합니다.

05장
▼

⏸ ⏭ 🔊 1:45 / 2:30

릴스, 틱톡에도
영상을 올려 봐요!

노출

알고리즘 관리하고 플랫폼 확장하기

▶️ **원 소스 멀티 유즈, 왜 필요할까?**

원 소스 멀티 유즈(one source & multi-use)란 콘텐츠 하나를 다양한 형태로 재가공하거나 동일한 형태로 여러 플랫폼에서 재사용하는 전략입니다. 편집 시간을 크게 들이지 않아도 플랫폼에서 제공하는 형식에 맞춰 올리기만 하면 각 플랫폼을 이용하는 시청자에게 자동으로 노출되죠. 물론 플랫폼마다 사용자 연령대와 관심사가 다르고 모인 사람들의 성향도 다양하기 때문에 콘텐츠별로 영상을 향한 반응이 엇갈릴 수 있습니다. 사실상 이 전략은 콘텐츠의 활용도를 극대화하고, 다양한 타깃층과 연결될 수 있는 효과적인 방법입니다.

다음은 세로로 긴 형태의 숏폼 영상을 유튜브 쇼츠, 인스타그램 릴스, 틱톡에 올렸을 때 결과 화면입니다.

06장
▼

수익화

수익 파이프라인 만들기

하면 된다!) 카페24 쇼핑몰과 연동하기

유튜브에 카페24 쇼핑몰을 연동하면 개인 채널의 [스토어] 탭에서 채널 관련 상품을 모아 볼 수 있습니다. 또는 유튜브와 연결된 카페24 쇼핑몰을 바로 만들어 제품을 게시할 수도 있습니다.

카페24 로고

01 유튜브 쇼핑 연결하기

❶ 유튜브 스튜디오에서 [수익 창출 → Shopping]에 들어간 후 ❷ 스토어에서 [연결]을 클릭합니다. ❸ 스토어 선택 창에서 스토어 종류를 [YouTube Shopping Store by Cafe24]로 선택하고 ❹ [계속]을 클릭합니다.

07장
▼

차례

첫째마당 오늘 바로 시작하는 유튜브 쇼츠

01

**유튜브 쇼츠의
열기는
식지 않는다**

02

**10분 만에 올리는
첫 쇼츠**

SUBSCRIBE 🔔

차례

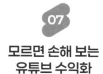

07

**모르면 손해 보는
유튜브 수익화**

자주 묻는 질문 BEST 8

유튜브 쇼츠, 궁금한 것이 참 많죠? 자주 묻는 질문 8가지를 정리해 두었으니 쇼츠를 시작하기에 앞서 가볍게 읽어 보고 넘어가세요!

Q1 유튜브 쇼츠를 시작하려면 어떤 장비를 준비해야 하나요?

유튜브 쇼츠는 스마트폰 하나로 시작할 수 있습니다. 최신 **스마트폰의 고화질 카메라와 블로, 캡컷 등 무료 영상 편집 앱**을 활용하면 콘텐츠를 빠르게 제작할 수 있어요. 브루와 같은 AI 도구를 이용해서 텍스트와 이미지만으로 영상을 제작할 수도 있고요. 따라서 특별한 촬영 장비를 갖추지 않아도 누구나 쇼츠에 도전할 수 있습니다.

▶ 05-1절에서 **촬영 장비와 관련된 설명**을 확인하세요.

Q2 유튜브 쇼츠는 시작하고 나서 얼마나 빨리 성과를 낼 수 있을까요?

시청 지속 시간과 콘텐츠 전략에 따라 달라집니다. 운영 초기라도 적절한 키워드와 흥미로운 콘텐츠 주제로 영상을 만들고, 그 영상의 **시청 지속 시간**이 뒷받침되면 영상을 몇 개 올리지 않아도 1천~1만 조회수를 빠르게 달성할 수 있습니다. 개인차는 있지만 콘텐츠 주제가 얼마나 설득력 있고 호기심을 불러일으키는지, 그리고 영상을 꾸준하게 업로드하는지가 관건입니다.

▶ 06-1절에서 **시청 지속 시간을 검토하는 방법**을 확인하세요.

Q3 쇼츠 영상은 몇 초가 적당한가요?

쇼츠 영상은 최대 3분까지 올릴 수 있지만, 가장 효과적인 길이는 **30초 내외**입니다. 영상이 길수록 시청자가 이탈할 가능성이 높으므로 짧고 강렬하게 편집해야 추천 노출에 유리합니다. 초반 3초 이내에 시청자를 사로잡는 장면이나 메시지를 배치하는 것이 핵심입니다.

무엇보다 중요한 것은 내 콘텐츠의 목표와 메시지에 맞게 길이를 조절하고, 시청자가 끝까지 관심을 갖도록 설계하는 것입니다. 따라서 영상의 적정 길이를 정하기보다는 임팩트 있게 짧게 만들거나 긴 영상이라도 메시지를 충분히 전달할 수 있도록 기획하면 됩니다.

▶ 06장 206쪽에 있는 〈떡상의 비결〉에서 **영상 체류 시간을 늘리는 방법 8가지**를 살펴보세요.

Q4 쇼츠는 매일 올려야 하나요? 업로드 주기가 중요한가요?

쇼츠를 매일 올릴 필요는 없지만 업로드 주기를 일정하게 유지하는 것이 좋습니다. 영상을 주 3~5회 규칙적으로 업로드하면 알고리즘이 콘텐츠를 더 자주 추천해 주어 시청자와 친근감을 쌓을 수도 있습니다. 특히 초반에는 영상을 꾸준히 업로드해야 유튜브가 내 채널을 신뢰하는 데에도 도움이 됩니다.

▶ 06-1절에서 알고리즘을 관리하고 학습시키는 방법을 이해할 수 있습니다.

Q5 쇼츠 콘텐츠 주제는 어떻게 정하나요?

쇼츠 콘텐츠의 주제를 정할 땐 타깃 시청자의 관심사와 현재 트렌드를 결합해야 합니다. 정보를 짧고 강력하게 제공하는 콘텐츠나 흥미로운 스토리텔링 콘텐츠는 언제나 인기가 많습니다. 내 관심사에서 시작하는 것도 유리한 전략입니다. 내가 잘 알고 흥미를 느끼는 분야를 다루면 자연스럽게 시청자에게도 열정과 진정성을 담은 콘텐츠로 전달됩니다. 여기에 유행하는 유형이나 키워드로 콘텐츠를 만들면 빠르게 노출될 가능성이 높습니다.

▶ 03장에서 유튜브 주제를 찾는 4가지 방법을 소개합니다.

Q6 쇼츠도 섬네일이 중요할까요?

쇼츠 영상은 주로 유튜브 앱 내의 [Shorts] 탭을 넘길 때 노출되므로 섬네일이 덜 중요해 보입니다. 하지만 키워드를 검색해서 유입한 시청자에게는 섬네일이 매우 중요합니다. 강렬한 이미지와 명확한 메시지가 담긴 섬네일은 검색 결과에서 눈에 띄게 하여 클릭률을 높이거든요. 즉, 쇼츠 영상이라도 검색 트래픽을 고려해 섬네일을 설정하면 조회수와 구독자를 좀 더 빠르게 높일 수 있습니다.

▶ 06-1절에서 영상을 업로드할 때 신경 써야 하는 요소를 꼼꼼히 살펴보세요.

Q7 쇼츠에 자막을 반드시 넣어야 하나요? 자막 효과는 얼마나 중요한가요?

자막은 소리를 끄고 영상을 보는 시청자에게는 꼭 필요한 요소입니다. 또, 자막은 핵심 메시지를 전달하고, 몰입도를 높이며, 조회수와 시청 지속 시간을 늘리는 데 크게 기여합니다. 특히 잘 보이는 글꼴과 애니메이션 효과를 더하면 메시지를 효과적으로 전달할 수 있습니다.

▶ 05-2절에서 **캡컷을 활용한 영상 편집 방법**을 배워 보세요.

Q8 이미 올린 쇼츠를 재업로드해도 되나요?

동일한 콘텐츠를 반복해서 올렸다가 스팸으로 간주될 수 있습니다. 그러므로 쇼츠 영상을 재업로드할 땐 제목, 섬네일, 초반 몇 초 내용을 조금 변경하거나 자막, 배경음악 등을 다르게 편집해 새로운 버전으로 올리는 것이 안전합니다. 처음 업로드했을 때 성과가 낮았더라도 알고리즘이 다른 시점에 더 좋은 반응을 보일 수 있습니다. 중요한 건 실패한 이유를 분석하고 **개선한 영상을 재업로드해야** 한다는 것입니다.

▶ 01-2절에서 **쇼츠 채널을 운영하는 4단계 과정**을 참고하세요.

▶ 더 많은 정보를 얻고 싶다면 저자의 유튜브 채널에 방문하세요!

저자의 부업 관련 유튜브 채널에 방문해서 다양한 정보를 얻어 가세요. 유튜브 쇼츠뿐 아니라 다양한 부업 사례도 함께 살펴볼 수 있습니다. 책을 따라 하다 궁금한 점이 생기면 유튜브 채널에 방문하여 저자와 직접 소통해 보세요.

▶ 저자 유튜브 '부업메이커': www.youtube.com/@부업메이커

채널 운영 계획표

채널 준비 3일 만에 끝내기

단 3일만 투자해도 눈부시게 성장하는 채널로 키울 수 있습니다. 다음 3일 계획표를 따라 실천하고 인플루언서의 삶을 살아 보세요!

구분	학습 내용	학습 범위	학습일
1일 차	내 유튜브 채널 개설하고 영상 업로드해 보기	01~02장	__월 __일
2일 차	채널을 운영할 아이디어 정리해 보기	03~04장	__월 __일
3일 차	직접 촬영하거나 AI 영상 앱으로 1분짜리 영상 만들기	05장	__월 __일

▶ 06~07장은 채널을 관리하고 수익화하는 내용으로, 채널을 준비한 이후에 장기적으로 이어 나가면 됩니다.

2주 완성! 14일 업로드 챌린지

쇼츠 영상을 2주 동안 꾸준히 업로드하면 유튜브가 내 채널의 알고리즘을 학습해서 꼭 필요한 시청자에게 띄워 줍니다. 목표를 적어도 좋고, 영상을 올릴 때마다 점검할 목적으로 사용해도 좋아요. 자유롭게 활용해 보세요!

구분	영상 주제	구분	영상 주제
1일 차		8일 차	
2일 차		9일 차	
3일 차		10일 차	
4일 차		11일 차	
5일 차		12일 차	
6일 차		13일 차	
7일 차		14일 차	

이 책은 이렇게 활용하세요

 책에 직접 쓰면서 기획하면, 내 것이 된다!

기획을 다루는 03~04장에서는 쇼츠를 만들 때 고민해야 하는 것들을 직접 적어 볼 수 있도록 〈쇠뿔도 단김에!〉 코너를 마련했습니다. 공간이 부족하거나 여러 번 반복해서 아이디어를 정리하고 싶다면 이지 스퍼블리싱 홈페이지에서 관련 PDF를 인쇄해서 사용하세요.

▶ PDF 파일 내려받기: 이지스퍼블리싱 홈페이지(www.easyspub.co.kr) → [자료실] → '쇼츠' 검색

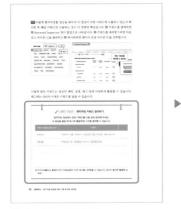

책 속 〈쇠뿔도 단김에!〉 코너   자료실에서 내려받은 PDF 파일

 저자의 비밀스런 코칭은 〈떡상의 비결〉을 참고하세요!

장 끝마다 있는 〈떡상의 비결〉에서는 유튜브를 운영할 때 필요한 다양한 팁을 소개합니다. 생각지 못한 문제가 발생하거나 도저히 떠올리기 어려운 상황이 닥쳤을 때 이 코너를 적극 활용하기를 추천합니다.

유튜브를 보다가 1분 남짓한 짧고 강렬한 영상에 눈길을 빼앗긴 적 있나요? 빠르게 바뀌는 화면, 귀에 쏙 들어오는 음악, 그리고 순간적으로 몰입하게 만드는 이야기들. 바로 '유튜브 쇼츠'입니다. 스마트폰 하나만 있으면 누구나 쇼츠 크리에이터로 첫발을 내디딜 수 있습니다. 쇼츠를 통해 여러분의 메시지를 세상에 전하고 무한한 가능성을 펼쳐 보세요. 오늘 바로 시작하면 내일은 상상도 못 했던 기회가 여러분 앞에 펼쳐질 것입니다. 쇼츠의 세계로 들어올 준비됐나요? 그럼 함께 시작해 봅시다!

오늘 바로 시작하는
유튜브 쇼츠

유튜브 쇼츠의 열기는
식지 않는다

▶   ⋯ 👍 💬 ↗

쇼츠는 짧은 영상이라서 접근하기 쉬울 것 같다고 생각하는 분들이 많습니다. 주위에 이미 시작한 사람들도 더러 보이고요. 전 세계적으로 유튜브를 시청하기 때문에 마케팅이나 셀프 브랜딩으로 이만한 매체가 없죠. 이렇게 쇼츠를 하려는 이유는 정말 다양합니다. 여러분도 쇼츠에 도전해 보세요. 쇼츠를 시작하는 바로 지금 이 순간부터 유튜브는 여러분에게 크리에이터로 성공할 수 있는 수많은 기회를 열어 줄 것입니다!

01-1

지금이 기회다!
쇼츠 하나로 브랜드가 되는 시대

▶ 유튜브 쇼츠란?

유튜브 쇼츠(Shorts)는 3분 이내의 짧은 영상을 제작해 업로드하고 공유할 수 있는 유튜브 자체 서비스로, 전 세계에서 크게 인기를 끌고 있습니다. 수많은 크리에이터가 창의적인 쇼츠 콘텐츠를 업로드하고 기업은 마케팅 도구로 적극 활용하고 있죠.

유튜브 쇼츠
로고

유튜브 쇼츠(www.youtube.com/shorts)

많은 사람들이 쇼츠 제작에 관심을 갖는 이유는 **스마트폰만 있으면 누구나 손쉽게 만들 수 있기 때문입니다.** 복잡한 편집 프로그램이나 전문 지식이 없어도 간단한 터치 몇 번으로 창의적인 콘텐츠를 제작할 수 있죠. 심지어 인공지능(AI)을 사용하면 한층 더 빠르게 콘텐츠를 만들 수 있습니다. 그리고 짧은 동영상이라는 특성 덕분에 시청자들이 콘텐츠를 빠르게 소비하고 확산시키는 구조가 형성되면서 많은 사람들에게 콘텐츠를 알리고 싶은 개인이나 기업에게 유리한 환경을 제공합니다.

앞으로 쇼츠의 인기는 계속해서 높아질 것입니다. 앱·리테일 분석 기관인 와이즈앱·리테일·굿즈는 2024년 1월 기준으로 한국인의 월 평균 유튜브 앱 1인당 평균 사용 시간이 40시간을 넘어가면서 역대 최고치를 찍었다고 밝혔습니다. 월간 사용 시간이 5년 동안 무려 90% 증가했으며, 그중에서도 3년 전 유튜브 쇼츠가 출시되면서 약 25%가 증가했습니다. 이렇게 국내 유튜브 쇼츠 시장은 영향력을 강화하고 있습니다.

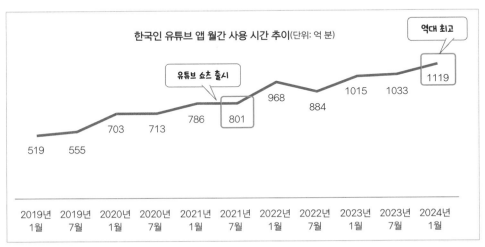

출처: 와이즈앱·리테일·굿즈

❓ 궁금해요! 숏폼, 쇼츠, 릴스의 차이점이 뭔가요?

숏폼(Short-form), 쇼츠(Shorts), 릴스(Reels)는 짧은 동영상 콘텐츠를 의미한다는 점은 같지만 각기 다른 플랫폼에서 제공하며 특징도 차이가 있습니다.

우선 **숏폼**은 15초에서 1분 내외의 짧은 비디오 콘텐츠를 말하며, 다양한 소셜 미디어 플랫폼에서 사용합니다. **쇼츠**는 유튜브의 짧은 영상 서비스로, 영상을 최대 3분까지 제작할 수 있고 '좋아요(♥)', '댓글(🗨)', '공유(↗)' 등 기존 유튜브 영상과 동일한 기능을 사용할 수 있습니다. 또한 유튜브의 강력한 추천 알고리즘을 통해 널리 퍼지는 구조이죠. **릴스**는 인스타그램의 서비스로, 길이는 최대 3분까지 가능하고 다양한 편집 도구와 필터를 제공한다는 점이 특징입니다.

▶ 쇼츠로 시작하는 인플루언서의 길

지금은 인플루언서(influencer)의 시대입니다. 유튜브, 인스타그램, 틱톡 등 다양한 소셜 미디어 플랫폼에서 수많은 인플루언서가 활동하고 있습니다. 심지어 TV에 출연하는 연예인보다 더 큰 영향력을 행사하기도 합니다. 여기서 말하는 인플루언서가 단순히 구독자가 많은 사람을 뜻하는 것은 아닙니다. 진정한 인플루언서는 자신을 널리 알리고, 자신의 이야기를 최대한 많은 사람에게 전달하는 사람입니다. 인플루언서는 자신이 만든 콘텐츠로 다른 사람에게 영향을 미치고 사람들의 생각과 행동에 변화를 일으키기도 합니다. 예전에는 유명 연예인이 이러한 역할을 했지만 현재는 그 범위가 훨씬 넓어졌습니다.

출처: 유튜브 '흔한남매'

소셜 미디어 환경에서는 눈에 보이는 팔로워 수가 곧 영향력이기도 합니다. 아무리 좋은 콘텐츠라도 사람들에게 노출되지 않으면 그 가치가 전달되지 않습니다. 따라서 인플루언서로 성공하고 싶다면 최대한 많은 사람에게 자신의 콘텐츠를 노출하는 것이 중요합니다. 한 사람 한 사람에게 더 노출될수록 더 많은 사람에게 나를 알리고 더 많은 구독자를 얻을 수 있습니다. 그렇게 10명, 100명, 1000명… 구독자가 늘어나면서 결국 더 많은 영향력을 행사할 수 있는 기반이 됩니다. 인플루언서가 되는 길은 다양하지만 그중에서도 유튜브 쇼츠는 우리나라뿐 아니라 해외에서도 사용자수가 많은 유튜브 내 서비스라는 점에서 가장 빠르게 인플루언서로 성장할 수 있는 강력한 채널입니다.

▶ 쇼츠로 인플루언서가 된 유튜버

유튜버가 쇼츠를 통해 많은 조회수와 구독자를 확보하면서 인기 인플루언서로 자리 매김한 사례가 왕왕 있습니다. 짧고 임팩트 있는 콘텐츠의 힘을 제대로 활용한 몇 가지 사례를 살펴보겠습니다.

① 청담언니

'청담언니'는 2025년 3월 기준으로 구독자가 6백만 명이 넘는 채널로, 디저트와 음료 위주의 창의적인 레시피를 짧은 영상으로 소개합니다. 누구나 따라 하기 쉬운 짧은 음식 레시피 콘텐츠를 올려 국내뿐 아니라 해외 시청자에게도 크게 사랑받고 있습니다.

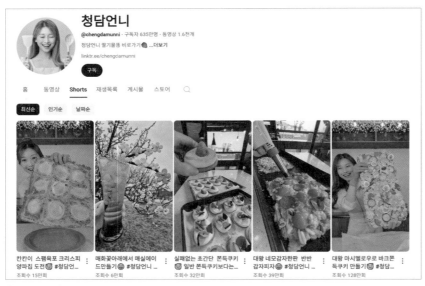

출처: 유튜브 '청담언니'

② 짤컷

'짤컷'은 2025년 3월 기준으로 구독자가 190만 명이 넘는 채널로, 세상의 꿀팁과 꿀템 정보를 핵심만 빠르게 전달하는 짧은 콘텐츠를 업로드합니다. 주로 일상에서 도움되는 유용한 팁과 정보를 제공해서 인기가 많습니다.

출처: 유튜브 '짤컷'

❸ Yangpoonee 양푼이

'Yangpoonee 양푼이'는 2024년 2월 첫 쇼츠를 업로드한 지 6개월 만에 구독자를 10만 명 넘게 보유한 채널입니다. 채널을 운영하고 약 1년이 넘은 시점에 18만 명을 돌파하는 성과를 거뒀죠. 양푼에 많은 양의 음식을 넣어 만드는 특색 있는 콘셉트로 단기간에 구독자가 빠르게 늘어난 대표 사례입니다.

> 흔한 음식 키워드지만 콘셉트를 달리하여 차별화한 사례예요!

출처: 유튜브 'Yangpoonee 양푼이'

④ 신기한 서핑이야기

'신기한 서핑이야기'는 서핑 관련 콘텐츠를 올리는 채널로, 2025년 3월 기준으로 구독자를 2만 명 이상 보유하고 있습니다. 2023년 4월 이후 콘텐츠를 업로드하지 않지만 이전에 올린 쇼츠 콘텐츠 조회수가 전체적으로 높은 것을 볼 수 있습니다.

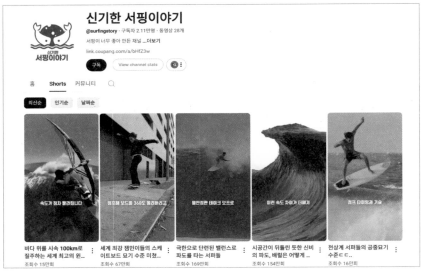

출처: 유튜브 '신기한 서핑이야기'

대표적인 쇼츠 채널 4가지를 살펴보았습니다. 이렇게 콘셉트가 잘 잡힌 쇼츠 영상을 꾸준히 올리면 여러분도 인플루언서로 성장할 수 있습니다. 혹시 여전히 '내가 진짜 쇼츠 영상을 올려서 인플루언서가 될 수 있을까?' 하는 의구심이 드나요? 걱정 마세요! 지금부터 유튜브 쇼츠를 잘 시작할 수 있는 방법을 하나하나 알려 드릴 테니까요. 유튜브 쇼츠를 좀 더 깊이 알아보겠습니다.

쇼츠,
지금 당장 시작하세요!

◀ ▶

▶ 유튜브, 시작이 어려운 이유

많은 사람들이 유튜브를 하려고 마음먹지만 선뜻 시작하기는 어려워합니다. 그 이유
는 정말 다양한데요. 우선 다음 10가지 항목을 참고해서 여러분도 체크해 보세요.

번호	항목	V
1	어떤 콘텐츠를 만들어야 할지 모르겠다.	
2	새로운 콘텐츠를 만들고 싶은데 자신이 없다.	
3	어디서부터 시작해야 할지 모르겠다.	
4	채널을 꾸준히 운영할 자신이 없다.	
5	'내가 과연 잘 할 수 있을까?'라는 의문이 든다.	
6	얼굴을 드러내는 것에 자신감이 없다.	
7	어떻게 하는지 잘 모르겠다.	
8	주제를 선정하기가 어렵다.	
9	'지금해도 잘 될까?'라는 생각이 든다.	
10	내가 잘하는 콘텐츠가 무엇인지 모르겠다.	

10개 가운데 몇 가지나 해당하나요? 여러분이 유튜브를 망설이는 이유를 눈으로 확
인했나요? 지금은 N개의 유튜브를 운영하는 저도 유튜브를 시작하기 전에 10개 다
체크했을 정도로 자신을 가두는 생각을 많이 했습니다. 만약 이 제약들이 모두 사실
이 아닌 내 머릿속에 만들어진 것이라는 것을 더 빨리 깨닫고 10년 전에 유튜브를 시
작해서 인플루언서가 되었다면 지금 저는 어떤 모습이 되었을까요?

지금은 얼굴이 보이지 않아도 유튜브를 시작할 수 있는 시대입니다. 유튜브 쇼츠는 편집에 드는 시간도 짧을 뿐 아니라 기존 롱폼 동영상보다 콘텐츠의 장벽이 낮아 다가가기가 훨씬 더 쉽습니다. 이제 여러분이 스스로 만든 제약을 뒤로하고 당장 유튜브를 시작해 보세요. 지금까지 생각하지 못한 수많은 기회를 만날 것입니다.

? 궁금해요! 지금 숏폼 시작하면 늦지 않을까요?

숏폼 콘텐츠는 지금이 기회입니다. 점점 더 많은 사람이 더 긴 시간 동안 유튜브와 같은 영상 플랫폼에서 콘텐츠를 소비하고 있으며, 특히 숏폼 콘텐츠를 향한 시청 수요는 폭발적으로 증가하고 있습니다. 하지만 콘텐츠는 여전히 이러한 수요를 충족해 줄 만큼 공급되지 않고 있습니다. 시청자는 신선하고 매력적인 숏폼 콘텐츠를 원하지만, 이를 만족시키는 크리에이터는 부족한 상황입니다. **바로 지금이 시청자의 눈길을 사로잡고 독보적인 위치를 선점할 절호의 타이밍입니다.** '지금이 아니면 다시 이런 기회가 올까?'라는 말이 절로 떠오를 정도입니다.

저는 숏폼을 아직 시작하지 않은 분들에게 항상 이렇게 말합니다. "지금 바로 숏폼을 시작하세요!" 실제로 많은 사람들이 숏폼 콘텐츠를 만들기 시작하며 새로운 가능성을 열어 가고 있습니다. 독자 여러분도 이 흐름에 동참해 숏폼의 무한한 기회를 경험해 보길 바랍니다.

▶ 기본 4단계가 터지는 쇼츠를 만든다

처음 시도한 콘텐츠가 바로 터질 확률이 얼마나 될까요? 내 머릿속에만 있던 아이디어를 콘텐츠에 담아 유튜브라는 시장에 내놓았을 때 아주 높은 확률로 많은 사람들의 관심을 끌지 못할 수도 있습니다. 따라서 **초기에는 콘텐츠를 업로드하고 시청자의 반응을 분석해 피드백을 반영할 시간이 필요합니다.** 이 시간을 보내면 점점 더 나만의 독창적인 콘텐츠를 만들어 갈 수 있습니다.

제가 여러 채널의 쇼츠를 운영하면서 깨달은 것은 쇼츠 채널을 만들고 터지는 쇼츠가 탄생하기까지 단계가 있다는 것입니다. 저 역시 초기에 만든 영상은 사람들에게 정말 도움이 될 거라 확신하고 업로드했지만 조회수는 고작 10회였고, 하나 달린 댓글마저 부정적이었습니다. 예상한 것과 현실이 이렇게 다를 수 있다는 것을 경험하면서 처음에는 당황했지만 다행히도 곧 그것이 당연한 과정이란 걸 깨달았습니다.

여러분의 시행착오를 덜어 줄 '효과적인 쇼츠 채널 만들기 과정 4단계'를 소개합니다.

1단계: 콘셉트 선정(기획)

첫 번째 단계에서는 콘텐츠의 **콘셉트**를 정합니다. 콘셉트(concept)는 콘텐츠의 방향성을 결정하는 핵심 요소로, 타깃 시청자에게 어떤 메시지를 전달할지 결정하는 중요한 항목입니다. 먼저 목표 시청자를 명확히 정의하고 어떤 콘텐츠를 소비하는지 분석하는 단계이기도 합니다.

2단계: 콘텐츠 제작·편집

두 번째 단계에서는 1단계에서 선정한 콘셉트를 바탕으로 **콘텐츠를 제작하고 편집합니다.** 기획한 내용을 활용해서 스토리보드와 대본을 작성하고 영상을 제작해 업로드하는 과정입니다.

3단계: 시청자 반응 분석

세 번째 단계에서는 **시청자 반응을 분석합니다.** 시청자의 반응을 분석하면 콘텐츠의 성과를 평가하고 자신이 만든 콘텐츠의 개선점을 찾을 수 있습니다. 조회수, 좋아요 수, 댓글 수 등의 분석 데이터뿐만 아니라 댓글의 내용, 시청 시간, 구독자 증가 등을 분석한 데이터도 고려해야 합니다. 데이터를 분석한 결과로 어떤 콘텐츠가 효과적이고 어떤 점을 개선해야 하는지 알 수 있습니다.

4단계: 피드백 반영

네 번째 단계에서는 **시청자 피드백을 콘텐츠에 반영합니다.** 시청자의 피드백을 수집하고 분석하여 다음 콘텐츠에 반영하면 점점 더 많은 시청자에게 사랑받는 콘텐츠를 만들 수 있습니다.

이렇게 콘텐츠를 만들고 업로드하면서 피드백을 받아 꾸준히 개선해 나가는 것이 중요합니다. 누구나 아는 기본 과정 같지만 결코 간과해서는 안 됩니다. 다행히도 유튜브 쇼츠는 이 과정을 빠르게 반복할 수 있는 채널입니다. 오랜 시간을 들이지 않고 결과물을 얻을 수 있어서 실험과 개선을 여러 차례 시도할 수 있죠. 이 책의 둘째마당과 셋째마당에서는 이 4단계 과정을 바탕으로 쇼츠를 제작하고 채널을 꾸준히 운영하는 방법을 배울 거예요.

▶ 노출에 중요한 건 꾸준한 노력!

노출되는 횟수를 지속해서 늘리려면 반드시 콘텐츠를 꾸준하게 제작해서 올려야 합니다. 정기적으로 새로운 콘텐츠를 게시하면 구독자의 관심을 오래 유지하고 구독자 수를 늘려 갈 수 있습니다. 또, 알고리즘 흐름에 올라타면 더 많은 사람들에게 노출될 가능성이 높아집니다. 물론 내가 만든 콘텐츠가 초반에는 눈길을 끌지 못할 수도 있습니다. 그러나 콘텐츠를 꾸준히 제작하다 보면 점차 더 많은 사람이 관심을 갖게 될 것입니다.

쇼츠로 높은 조회수에 도달하려면 트렌드를 수시로 파악하고 그에 맞는 콘텐츠를 제작하는 것이 중요합니다. 트렌드를 잘 활용하면 더 많은 사람들의 피드에 뜨는 기회를 얻을 수 있습니다. 이 트렌드를 파악하는 방법은 둘째마당에서 소개할 것입니다. 트렌드를 파악했다면 자신의 콘텐츠가 구독자에게 어떻게 소비되는지 분석해야 합니다. 콘텐츠를 분석해야 더 큰 반응을 얻을 수 있는 효과적인 콘텐츠 전략과 방향성을 설정할 수 있습니다. 특히 구독자들의 피드백을 적극 수용하고 이것을 바탕으로 콘텐츠를 개선하면 더 많은 사람들에게 관심을 끄는 콘텐츠로 나아갈 수 있습니다.

앞으로 우리는 자신이 이야기하고 싶은 것을 최대한 많은 사람에게 널리 알리고 전달하는 인플루언서가 될 여정을 떠날 것입니다. 이것은 단순히 구독자를 모으는 것을 넘어서 나의 콘텐츠를 최대한 많이 노출시키고 이를 통해 더 큰 영향력을 행사하는 것을 의미합니다. 다양한 플랫폼을 효과적으로 활용하고 꾸준한 콘텐츠 제작과 트렌드 분석으로 많은 사람에게 영향력을 미칠 수 있다면 누구나 인플루언서가 될 수 있습니다. 이 여정에서 중요한 것은 끊임없이 자신을 알리고 더 많은 사람에게 다가가는 것입니다.

🔥 떡상의 비결

유튜브 쇼츠의 높은 장벽을 부수자!

큰맘 먹고 시작한 유튜브 쇼츠, 하지만 정성스레 편집해서 올린 영상 조회수가 저조하거나 영상 편집 과정이 복잡하면 쉽게 그만 두기 마련입니다. 아직 쇼츠를 시작하기 막막한 분이 있다면 팁을 드리겠습니다. 유튜브 쇼츠를 중간에 포기하는 이유와 그것을 극복하는 방법, 그리고 쇼츠를 시작하지 않으면 손해인 이유까지 살펴보면 마음이 달라질 것입니다.

▶ 유튜브 쇼츠를 중간에 포기하는 이유

유튜브 쇼츠는 짧은 시간 안에 비교적 큰 영향력을 발휘할 수 있는 매력적인 플랫폼이지만, 그만큼 중간에 포기하는 사람도 많습니다. 그 이유는 다양하지만 다음과 같은 요인을 들 수 있습니다.

❶ 꾸준한 콘텐츠 생산이 어렵다

꾸준한 콘텐츠 발행은 쇼츠로 성공하는 중요한 요소라는 것은 여러 번 설명했으니 두말할 필요가 없습니다. 매일 또는 일정한 주기를 정해서 새로운 영상을 제작하고 발행하려면 시간과 노력을 들여야 합니다. 처음에는 열정과 흥미로 시작하지만 시간이 지나면서 아이디어가 고갈되고, 일상 업무와 병행하다 보면 피로감 등 때문에 지속하지 못하고 중간에 포기하게 되죠.

▶ 이렇게 하세요! | 03장에서 소개하는 채널 벤치마킹 방법을 따라 하거나 챗GPT에게 질문해서 유튜브가 최근 밀어주는 콘텐츠 주제를 찾아보세요. 또는 168쪽 〈떡상의 비결〉에서 소개하는 챌린지 추천 주제를 활용해서 영상을 제작해도 좋습니다. 한편 영상을 제작할 시간이 부족하다면 브루의 AI 기능을 활용해 보세요. 브루로 영상을 제작하는 방법은 02-1절과 05-4절에서 익힐 수 있습니다.

❷ 초기 성과가 부족하다

쇼츠를 시작한 후에 기대한 만큼 초반에 빠르게 성과를 내지 못하면 좌절하기 쉽습니다. 대부분 쇼츠를 시작하자마자 바로 크게 성공하기를 기대하지만 현실은 그렇지 않을 수 있습니다. 조회수나 구독자가 예상보다 적으면 크게 실망해서 포기하기 십상이죠. 유튜브 쇼츠가 전략대로 꾸준히 성실하게 실행해야 하는 플랫폼이라는 사실을 처음 시작할 때부터 분명히 인식해야 합니다.

▶ 이렇게 하세요! | 엄청난 기획력이 뒷받침된다 한들 첫 영상부터 높은 조회수를 찍는 것은 기적 같은 일입니다. 대부분 시행착오를 겪기 마련이니 처음부터 조회수가 안 나온다고 너무 기죽을 필요는 없습니다. 이 책에서 소개하는 여러 전략을 적용해서 채널을 딱 한 달만 운영해 보세요. 그 이후의 결과는 완전히 달라질 거예요!

❸ 알고리즘과 트렌드를 따라가기 버겁다

유튜브 쇼츠 알고리즘은 끊임없이 변화합니다. 초기에는 잘나가던 채널도 알고리즘의 변화로 조회수가 급감하기도 합니다. 이러한 변화를 이해하고 대응하지 못하면 중간에 포기하고 맙니다. 그리고 시청자의 피드백에서 개선 방향을 잡지 못해 헤매는 경우 채널을 성장시키는 데 어려움을 겪을 수 있습니다.

▶ 이렇게 하세요! | 06장에서 알려 주는 알고리즘 관리 노하우를 적용해 보세요. 키워드를 적절히 활용하면 유튜브 알고리즘을 내 편으로 만들 수 있습니다. 내 영상을 본 시청자가 어떤 콘텐츠 유형을 선호하는지 분석하는 것도 중요합니다. 트렌드는 계속 변하므로 영상을 올릴 시점에 유행하는 콘텐츠가 있다면 적극 벤치마킹해 보세요. 이 외에도 시청자가 작성하는 댓글을 확인하면서 내 영상의 장점은 살리고 아쉬운 점은 다음 영상에서 보완하려는 노력이 필요합니다.

❹ 편집 기술을 습득하기 어렵다

마지막으로 기술적인 어려움은 특히 나이가 있으신 분들이 자주 겪는데요. 비교적 간단하고 쉽게 편집할 수 있는 쇼츠라도 시작 단계에서 편집 기술을 습득할 때 어려움을 겪을 수 있는데, 이를 극복하지 못하면 저절로 포기하게 됩니다. 이런 기술적 어려움은 특히 영상 편집 경험이 적은 분들에게 작은 장애물이 될 수 있습니다.

▶ 이렇게 하세요! | 영상 편집 실력이 좋으면 눈에 띄는 영상을 만드는 데 유리한 건 맞아요. 그래도 걱정하지 마세요. 영상 편집을 할 줄 몰라도 브루 등 AI 영상 제작 앱을 활용하면 대본만 입력해도 자동으로 영상을 만들어 주거든요. 오히려 영상 편집 기술보다 주제와 키워드를 찾는 기획력이 훨씬 중요합니다.

유튜브 쇼츠는 짧고 강한 인상을 남기는 동영상 콘텐츠로 많은 사람에게 빠르게 도달할 수 있는 강력한 도구입니다. 하지만 앞서 언급한 꾸준한 콘텐츠 생산의 어려움과 초기 성과 부족, 알고리즘 변화, 피드백 부족 등으로 중간에 그만두는 경우가 많습니다. 이러한 문제를 해결하려면 우선 나뿐만 아니라 어느 누구나 같은 어려움을 겪는다는 것을 알아야 합니다.

이 책으로 우리는 어려움을 극복할 마음가짐을 준비할 수 있습니다. 콘텐츠를 꾸준히 발행하고, 시청자의 긍정적인 피드백을 받아 개선하면서 자신감을 유지하고, 처음의 목적과 열정을 가지고 지속적으로 쇼츠에 도전한다면 인플루언서로 계속해서 성장할 수 있습니다. 유튜브 쇼츠는 도전과 기회의 장입니다. 올바른 마인드셋으로 유튜브 쇼츠를 성공적으로 활용하는 것이 중요합니다.

▶ 지금 쇼츠를 안 하면 손해인 이유 5가지

모든 기회에는 타이밍이 중요합니다. 지금이 바로 유튜브 쇼츠라는 짧은 영상 콘텐츠에 진입하기 좋은 시기입니다. 많은 사람이 이미 유튜브 쇼츠를 활용하여 성공을 거두고 있고, 그들의 경험을 보고 우리는 쇼츠가 중요한 까닭을 알 수 있죠. 그리고 지금 당장 시작하지 않으면 손해를 보는 이유를 명확히 알 수 있습니다.

❶ 쇼츠의 성장 잠재력이 어마어마하다

지금 쇼츠를 하지 않으면 손해인 첫 번째 이유는 쇼츠의 성장 잠재력입니다. 사람들은 갈수록 긴 영상보다 짧은 영상을 주로 시청하는데요. 특히 유튜브 쇼츠는 유튜브의 방대한 사용자에 기반하여 더 많은 사람에게 노출할 수 있는 기회를 제공합니다. 만약 지금 쇼츠를 시작하지 않는다면 이처럼 급성장하는 시장에서 뒤처질 가능성이 큽니다.

"Better late than never"라는 영어 속담이 있습니다. "늦었다고 생각할 때가 가장 빠른 때이다(It's better to do something late than to never do it at all)."라는 뜻이죠. 쇼츠를 하면 좋다는 것을 안다면 전혀 안 하는 것보다 늦게라도 하는 것이 백번 낫습니다.

❷ 알고리즘의 우대를 받을 수 있다

유튜브는 쇼츠 콘텐츠를 적극 밀고 있습니다. 알고리즘에서도 쇼츠가 많이 노출될 수 있도록 지원합니다. 이것은 유튜브가 쇼츠를 성장시키기 위해 의도적으로 사용자에게 더 많이 노출시키고 있다는 것을 의미하기도 합니다. 그러므로 지금 바로 시작하여 언제까지 제공할지 모르는 기회를 놓치지 말아야 합니다.

❸ 새로운 구독자를 확보하기 유리하다

쇼츠는 짧고 간결한 콘텐츠로 빠르게 많은 사람에게 도달할 수 있는 기회를 제공합니다. 따라서 쇼츠는 기존의 긴 콘텐츠로는 다가가기 어려웠던 새로운 시청자층을 유입할 수 있는 좋은 방법입니다. 지금 쇼츠로 새로운 구독자를 확보하지 못한다면 더 많은 구독자를 형성할 기회를 놓치는 셈이죠.

❹ 콘텐츠를 다각화할 수 있다

쇼츠를 활용하면 긴 영상과는 다른 종류의 콘텐츠를 제공할 수 있습니다. 편집 시간도 당연히 더 짧아지겠죠. 이는 채널의 콘텐츠 다양성을 높이고 시청자에게 다양한 경험을 제공하여 더 많은 관심과 참여를 유도할 수 있습니다.

❺ 광고와 수익 기회가 증가한다

마지막으로 가장 중요한 광고와 수익 기회입니다. 유튜브는 쇼츠 제작자를 위해 유튜브 파트너 프로그램(YPP)으로 수익 창출 서비스를 제공합니다. 이뿐만 아니라 유튜브 쇼핑 서비스나 외부 플랫폼으로의 연결 기능 등 쇼츠를 활용한 다양한 수익화 사례가 있습니다. 쇼츠를 빨리 시작할수록 추가 수익 기회에 가까워진다는 뜻입니다.

현재 가장 빠르게 성장하는 유튜브 쇼츠는 새로운 기회와 가능성을 열어 줍니다. 지금이 바로 유튜브 쇼츠를 시작할 가장 최적의 시기입니다.

10분 만에 올리는
첫 쇼츠

간단한 영상을 만들어 유튜브에 올려 보겠습니다. 이 장에서는 간단한 편집 도구인 브루를 활용해 1분짜리 쇼츠 영상을 만드는 방법부터 제작한 영상을 여러분의 유튜브 채널에 업로드하기까지 모든 과정을 안내합니다. 스마트폰과 간단한 도구만 있으면 시작할 수 있어요. 첫 쇼츠 영상을 제작하고 유튜브 채널에 업로드해 세상과 공유하는 설렘을 느껴 보아요. 시작은 작아 보여도 내딛은 한 걸음이 놀라운 가능성을 열어 줄 겁니다.

02-1 AI 브루로 1분짜리 영상 만들어 보기
02-2 내 유튜브 채널 열기
02-3 첫 쇼츠 영상 업로드하기
🔥 떡상의 비결 이것 모르면 계정 날아갑니다! 내 채널을 지키는 보안 설정법

02-1

AI 브루로
1분짜리 영상 만들어 보기

정말 간단한 방법으로 1분짜리 영상 하나를 만들어 보겠습니다. 영상 편집 AI인 브루(Vrew)를 사용해 볼 건데요. 브루는 누구나 쉽게 영상을 편집할 수 있도록 도와주는 프로그램입니다.

브루 로고

상업용으로 사용할 수 있는 무료 이미지, 비디오, 배경음악뿐만 아니라 AI가 텍스트를 비디오로 만들어 주는 기능을 제공해서 대본과 영상을 한번에 만들 수 있습니다. 회원 가입만 하면 무료 요금제로도 충분히 활용할 수 있으므로 이번 실습에서는 무료 기능만 사용하겠습니다.

하면 된다! } 브루 사용하여 영상 제작하기

01 브루 설치하기

브루 웹 사이트(vrew.ai/ko)에 접속한 후 [다운로드]를 클릭해 설치 프로그램을 내려받은 후 더블클릭하여 설치합니다.

▶ 이용약관 및 개인정보처리방침 팝업 창이 뜨면 [동의하고 시작]을 클릭하세요.

브루 웹 사이트(vrew.ai/ko)

02 브루 프로그램을 더블클릭해서 실행하면 잠시 후 첫 화면이 나타납니다. 화면 왼쪽 맨 위에 있는 [내 브루]를 클릭해서 로그인합니다.

03 ❶ 화면 왼쪽 상단에서 [새로 만들기]를 클릭하고 ❷ [텍스트로 비디오 만들기]를 선택합니다. ▶ FFmpeg 다운로드가 필요하다는 창이 나타나면 [예]를 클릭합니다.

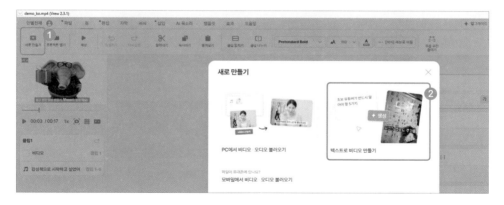

04 화면 비율, 자막 설정하기

❶ 화면 비율은 [쇼츠 9:16]을 선택합니다. ❷ 짧은 영상에서는 자막이 짧아야 효과 적이므로 자막 길이는 [짧게]를 선택합니다. ❸ 자막 위치는 [중간 → 위] 순서로 추천 합니다. ❹ [자동 애니메이션]에 체크 표시한 후 ❺ [다음]을 클릭합니다.

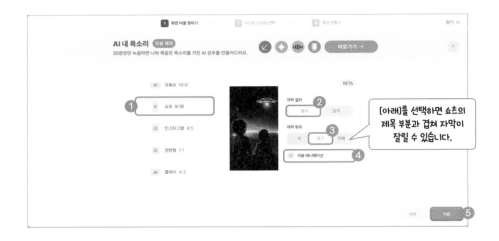

05 비디오 스타일 선택하기

❶ 내가 만들 영상의 주제를 고려해 비디오 스타일을 선택하고 ❷ [다음]을 클릭합니다. 만약 적절한 스타일이 없다면 [스타일 없이 시작하기]를 선택합니다. 비디오 스타일에 따라 배경음악, AI 목소리, 이미지와 비디오를 알맞게 만들어 줍니다.

06 대본 자동 생성하기

브루는 영상의 대본을 자동으로 생성합니다. ❶ [주제] 아래 칸에 영상의 주제를 담은 제목을 짧게 입력하고 ❷ 무료 모델인 [GPT-3.5]를 선택합니다. ❸ [AI 글쓰기]를 클릭하면 ❹ AI가 자동으로 대본을 작성해 줍니다.

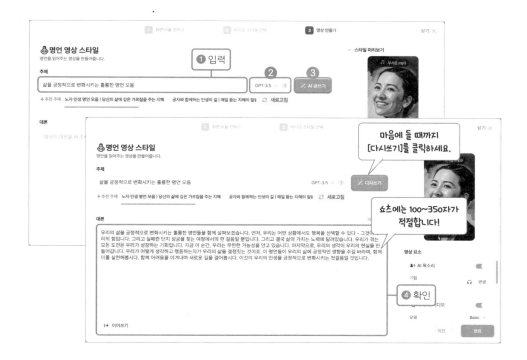

07 AI 성우 목소리 변경하기

❶ [AI 목소리]에서 [변경]을 누르면 팝업 창이 나타나서 대본을 읽어 줄 성우 목소리를 선택할 수 있습니다. AI가 내 영상 대본의 자막을 더빙해 주는 기능입니다. ❷ [무료]를 선택하면 무료 성우 목록만 볼 수 있습니다. ❸ 대본을 읽어 줄 성우 목소리를 선택하고 ❹ [확인]을 클릭합니다.

08 AI 이미지 스타일 선택하기

❶ [무료 비디오]는 활성화하고 [자동 음소거]는 체크 표시를 해제합니다. ❷ [AI 이미지]에서 [변경]을 클릭해 팝업 창이 나타나면 AI로 생성되는 이미지의 색상톤과 스타일을 선택합니다. ❸ AI 이미지 스타일은 사진, 일러스트 등 다양한 제작 유형 가운데 선택할 수 있는데 여기에서는 [사진]을 기본으로 선택합니다. ❹ 색상톤은 맨 앞의 [모든 색상]으로 지정하세요.

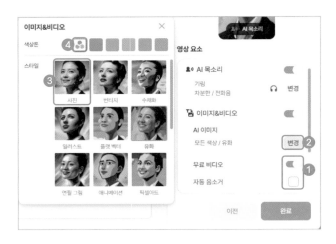

09 배경음악 장르 선택하기

❶ 마지막으로 [배경음악]의 [변경]을 클릭해서 ❷ 영상 주제와 어울릴 만한 장르를 선택합니다. ❸ 영상 요소까지 모두 선택했다면 [완료]를 클릭합니다.

쇼츠에서 배경음악을 따로 추가하거나 아예 배경음악을 사용하지 않는다면 ◖ 버튼을 꺼서 비활성화하세요.

10 '작성한 대본으로 영상을 생성하시겠어요?'라는 창이 뜨면 [완료]를 클릭합니다. 이제 브루가 자동으로 영상을 제작해 줍니다.

11 재생 버튼을 클릭해서 완성한 영상을 확인합니다.

12 영상 내보내기

브루에서 만든 영상을 내보내(저장해) 보겠습니다. ❶ 화면 오른쪽 상단에 있는 [내보내기]를 클릭하고 ❷ 내보내기 형식으로 [영상 파일(mp4)]을 선택합니다.

13 ① 대상 클립은 [모든 씬, 모든 클립]을 선택하고 ② 해상도는 [FHD 수준(1920×1080)]으로 지정합니다. ③ [고급 설정]을 클릭해 옵션을 펼친 후 ④ 화질을 [고화질]로 선택하고 ⑤ [하드웨어 가속 사용함]에 체크 표시합니다. ⑥ 모두 지정했다면 [내보내기]를 클릭합니다.

지금까지 AI로 1분짜리 영상을 만들어 보았습니다. 앞으로 영상을 내보내기 할 파일 위치까지 선택하면 브루에서 만든 영상을 확인할 수 있습니다. 이제 본격적으로 유튜브 채널을 생성하고 만든 영상을 업로드해 보겠습니다.

02-2

내 유튜브 채널 열기

02-1절에서 만든 영상을 유튜브에 업로드하려면 유튜브 채널이 필요하겠죠? 그리고 채널 설정을 쇼츠에 최적화해야 훨씬 안정되게 운영할 수 있습니다. 먼저 유튜브에 회원 가입하여 채널을 만들고 쇼츠의 기본 설정을 직접 해보겠습니다. 유튜브 회원 가입은 구글 계정으로 쉽게 진행할 수 있습니다. 구글 계정이 있다면 바로 로그인해서 유튜브를 이용하면 됩니다.

유튜브 로고

하면 된다! } 유튜브 채널 만들기

내 영상을 올리고 관리할 채널을 생성해 보겠습니다.

01 채널 만들기

구글에 가입한 후 로그인합니다. 유튜브(www.youtube.com)에 접속하면 오른쪽 상단에서 계정을 확인할 수 있습니다. ❶ 계정 아이콘을 클릭하고 ❷ [채널 만들기]를 선택합니다.

▶ 이 책에서는 구글에 가입하는 방법을 다루지 않습니다.

02 유튜브 채널 정보 입력하기

❶ 유튜브 채널 이름으로 사용할 문구를 입력하고 ❷ 유튜브에 사용할 핸들을 입력합니다. ❸ [채널 만들기]를 클릭합니다.

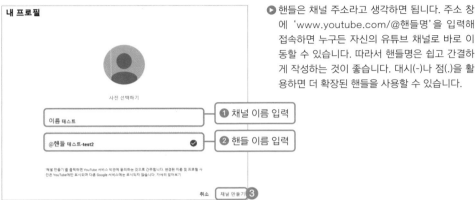

▶ 핸들은 채널 주소라고 생각하면 됩니다. 주소 창에 'www.youtube.com/@핸들명'을 입력해 접속하면 누구든 자신의 유튜브 채널로 바로 이동할 수 있습니다. 따라서 핸들명은 쉽고 간결하게 작성하는 것이 좋습니다. 대시(-)나 점(.)을 활용하면 더 확장된 핸들을 사용할 수 있습니다.

03 채널이 생성되면서 채널 홈으로 자동 이동합니다.

▶ '잠시 후 다시 확인해 주세요.'라는 문구가 뜨면 F5 를 눌러 새로 고침 합니다.

하면 된다! } 브랜드 채널 만들고 프로필 설정하기

유튜브 채널을 운영할 때는 브랜드 채널을 따로 만들기를 추천합니다. 주 채널이 아닌 브랜드 채널을 이용하는 이유는 채널을 보다 유기적으로 운영할 수 있기 때문인데요. 채널의 규모가 커지면 공동으로 운영해야 하는 경우가 생기는데, 이때 주 채널 계정을 공유하기엔 개인 정보 유출의 위험을 무시할 수 없습니다. 또한 구글 애널리틱스를 연동하는 등 통합 관리 기능도 수행할 수 있으니 브랜드 채널을 키우는 방법을 추천합니다.

▶구글 애널리틱스는 방문자 데이터를 분석하여 고객에 대한 이해도를 높일 수 있는 분석 도구입니다.

01 ❶ 유튜브에 접속하여 계정 아이콘을 클릭하고 ❷ [설정]을 선택합니다.

02 새 브랜드 채널을 만들기 위해 [새 채널 만들기]를 클릭합니다.

03 브랜드 채널 이름 작성하기

브랜드 채널의 이름은 특색 있고 짧게 설정해야 채널 이름을 기억하는 데 효과적입니다. ❶ 브랜드 채널의 이름을 입력한 후 ❷ 유튜브에 사용할 핸들을 입력합니다. ❸ [채널 만들기]를 클릭합니다.

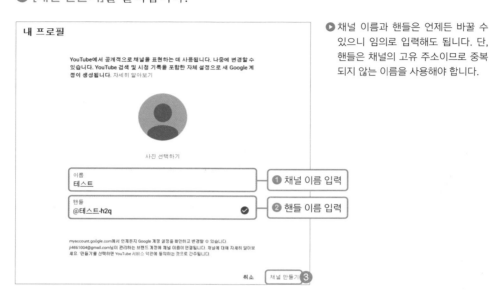

▶ 채널 이름과 핸들은 언제든 바꿀 수 있으니 임의로 입력해도 됩니다. 단, 핸들은 채널의 고유 주소이므로 중복되지 않는 이름을 사용해야 합니다.

04 브랜드 채널이 생성되면 브랜드 채널의 홈 화면으로 자동 이동합니다.

05 브랜드 채널로 계정 전환하기

평소 사용하는 개인 채널에서 브랜드 채널로 넘어가려면 ❶ 화면 오른쪽 상단에 있는 계정 아이콘을 누른 후 ❷ [계정 전환]을 클릭하고 ❸ 생성한 브랜드 채널을 선택해 계정을 전환합니다.

06 채널 맞춤설정하기

❶ 브랜드 채널 홈 화면에서 [채널 맞춤설정]을 클릭하여 채널 맞춤설정 화면으로 이동합니다. ❷ [기본 정보] 탭을 클릭한 후 ❸ 유튜브 스튜디오의 설명란에 해당 브랜드 채널을 소개하는 내용을 입력하고 ❹ [게시]를 클릭합니다.

▶ 유튜브 스튜디오에서는 유튜브 채널과 관련된 모든 설정을 할 수 있습니다.

하면 된다! } 유튜브 최적화 설정하기

유튜브 최적화 설정은 콘텐츠가 더 많은 사람들에게 도달할 수 있도록 돕는 핵심 요소입니다. 유튜브 최적화를 제대로 설정해 두면 알고리즘이 쇼츠를 더 많은 시청자에게 추천해 줍니다. 브랜드 채널 설정에 이어 최적화 설정을 해보겠습니다.

01 유튜브 스튜디오 왼쪽 하단에서 [설정]을 클릭합니다.

02 채널의 기본 단위 변경하기

설정 창의 [일반]에서 기본 단위를 [KRW — 대한민국 원]으로 설정합니다.

▶ 기본 단위란 유튜브 스튜디오에 표시할 통화 단위를 말합니다. [USD — 미국 달러] 등 통화 단위를 바꾸려면 여기에서 변경하면 됩니다.

03 채널 기본 정보 설정하기

① 왼쪽 메뉴에서 [채널]을 선택하고 [기본 정보] 탭에서 ② 거주 국가를 [대한민국]으로 설정합니다. 현재 거주하는 국가를 선택하면 됩니다. ③ 키워드는 채널을 대표하는 키워드를 선정해서 입력합니다. 예를 들어 인테리어 유튜브를 개설한다면 #인테리어, #자취방인테리어 등으로 채널 키워드를 설정할 수 있습니다.

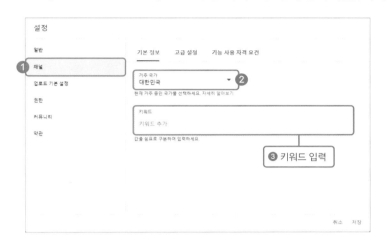

▶ 내 채널에 맞는 키워드를 찾는 방법은 03장에서 확인할 수 있습니다. 키워드는 언제든 변경할 수 있으니 여기서는 대표적인 키워드만 간단히 입력해 두세요.

04 채널 타깃 설정하기

① [고급 설정] 탭에서 ② 이번 실습에서 만든 유튜브 채널의 시청자층이 아동인지 설정하는 항목에 [아니요]를 선택합니다. 이렇게 설정해 놓으면 유튜브를 업로드할 때마다 이 항목을 설정하지 않아도 됩니다.

▶ 아동용 콘텐츠를 올릴 경우에는 [동영상별로 이 설정을 검토하겠습니다.]를 선택하여 업로드할 때마다 이 항목을 체크할 수 있도록 변경합니다.

05 기능 사용 자격 요건 살펴보기

❶ [기능 사용 자격 요건] 탭에서 추가 기능의 액세스 권한을 관리합니다. [표준 기능], [중급 기능], [고급 기능]에 따라 채널의 일부 기능을 사용하는 데 제한을 둘 수 있습니다. ❷ [1. 표준 기능]은 자동으로 [사용 설정됨]으로 설정되어 있으며 ⌄을 클릭하면 자세한 내용을 확인할 수 있습니다.

- **표준 기능**: 유튜브에 가입하면 기본적으로 이 요건이 충족됩니다.
- **중급 기능**: 길이가 15분이 넘는 영상, 맞춤 섬네일, 실시간 스트리밍 기능을 사용하려면 이 요건을 충족해야 합니다. 표준 기능을 충족한 상태에서 전화번호 인증을 받으면 요건이 충족됩니다.
- **고급 기능**: 매일 더 많은 동영상과 쇼츠를 업로드할 수 있고 콘텐츠의 소유권을 획득할 수 있습니다. 무엇보다 수익 창출을 신청할 수 있는 자격을 얻을 수 있습니다. 고급 기능을 활성화하려면 먼저 전화번호 인증을 받아 중급 기능을 활성화하고 2개월 정도 채널 영상을 업로드하여 기록을 쌓아야 합니다.

06 중급 기능 활성화하기

❶ 이번에는 [2. 중급 기능]의 ☑을 클릭합니다. ❷ [전화번호 인증]을 클릭하여 중급 기능을 활성화합니다. ❸ 요건이 충족되면 [사용 설정됨]으로 자동 변경되고 중급 기능을 사용할 수 있습니다.

채널을 개설한 직후에는 [2. 중급 기능]까지만 활성화할 수 있습니다.

❸ 확인

? 궁금해요! | 고급 기능은 바로 활성화할 수 없나요?

커뮤니티 가이드를 준수하며 채널 기록을 쌓으면 고급 기능을 사용할 수 있는 자격 요건을 얻을 수 있습니다. 대부분 최대 2개월 이내에 기록이 쌓입니다. 활성화할 수 있는 요건이 충족되면 [사용 설정됨]으로 자동 변경되며 고급 기능을 사용할 수 있습니다.

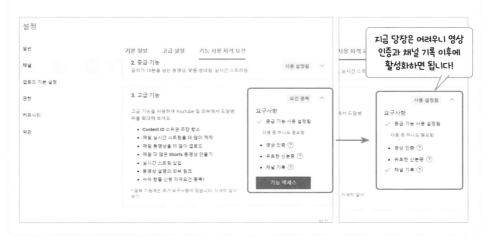

지금 당장은 어려우니 영상 인증과 채널 기록 이후에 활성화하면 됩니다!

07 자동화 필터 설정하기

커뮤니티의 자동화 필터는 [차단된 단어]를 사용한 댓글을 볼 수 없도록 가려 주는 역할을 합니다. 계정을 운영하는 초기에 악성 댓글 때문에 힘들다면 자동화 필터로 특정 단어가 들어 있는 댓글을 차단할 수 있습니다. ❶ 왼쪽 [커뮤니티 운영] 메뉴를 선택하고 ❷ [자동화 필터] 탭의 [차단된 단어] 칸에 자신이 만든 채널에서 차단할 단어를 추가한 다음 ❸ [저장]을 클릭합니다.

차단된 단어를 설정하면 필터링으로 유튜브 채널의 댓글 관리와 커뮤니티를 유지할 때 도움을 얻을 수 있습니다. 채널을 운영하면서 본 악플이나 부적절한 댓글은 그때그때 [차단된 단어]에 추가하는 것을 추천합니다.

차단된 단어에 해당하는 내용은 주로 다음과 같습니다.

> 욕설 및 비속어 / 혐오 표현 / 스팸 및 광고(할인, 구매 링크 등) / 사기 및 피싱 관련
> 성적으로 부적절한 단어 / 기타 부적절한 내용 / 내가 차단하고 싶은 단어

08 맞춤 설정에서 브랜딩 요소 변경하기

다시 유튜브 스튜디오 화면으로 돌아가 ❶ 왼쪽 메뉴에서 [맞춤설정]을 선택합니다.
❷ [프로필] 탭에서 ❸ 배너 이미지, ❹ 프로필 사진, ❺ 동영상 워터마크를 변경할 수
있습니다. [업로드]를 각각 클릭해서 사용할 파일을 업로드하고 ❻ [게시]를 클릭해
저장합니다.

> 배너 이미지와 사진은 채널의
> 정체성을 보여 주는 이미지를
> 사용하는 것을 추천해요!

▶️ 이 책에서 배너 이미지
와 사진, 동영상 워터마
크를 만드는 실습은 다
루지 않습니다. 무료 템
플릿을 사용할 수 있는
미리캔버스나 캔바 등을
활용해 만들어 보세요.

- **배너 이미지**: 유튜브 채널 위에 나타내는 배너 이미지입니다.
- **사진**: 유튜브 채널을 나타내는 프로필 사진입니다.
- **동영상 워터마크**: 워터마크란 저작권을 보호하거나 원본을 인증하기 위해 이미지, 영상, 문서 등에
  삽입하는 표시입니다. 유튜브에서는 동영상 플레이어의 오른쪽 모서리 부분에 표시됩니다.

프로필 사진과 배너 이미지가 들어가는 위치

동영상 워터마크가 들어가는 위치

유튜브 기본 설정을 모두 마쳤습니다. 이제 02-1절에서 만든 1분짜리 쇼츠 영상을
이 채널에 업로드해 보겠습니다.

첫 쇼츠 영상 업로드하기

내 유튜브 채널의 기본 설정을 마쳤으니 모바일과 PC에서 쇼츠를 업로드하는 방법을 알아보겠습니다. 스마트폰에서는 쇼츠 섬네일을 직접 지정할 수 있으니 모바일로 업로드하는 것을 추천합니다.

하면 된다! } 모바일에서 쇼츠 업로드하기

유튜브 모바일 앱을 사용하면 영상을 촬영하고 바로 업로드할 수 있어 매우 편리합니다. 지금 눈앞에 있는 사물을 찍어 유튜브 채널에 올려 보겠습니다.

01 ❶ 유튜브 모바일 앱 화면의 하단에서 ＋ 아이콘을 탭하면 영상 촬영 화면으로 넘어갑니다. ❷ [Shorts]를 선택하고 ❸ 영상 길이를 15초와 180초 중에 선택한 뒤 ❹ 녹화 버튼을 눌러 촬영을 시작합니다.

찍어 둔 영상을 선택해도 됩니다.

정지 버튼을 눌러 녹화를 중단할 수 있어요!

02 사운드 추가하기

❶ [사운드 추가]를 눌러 유튜브에서 지원하는 사운드를 추가할 수 있습니다. ❷ 원하는 음악을 선택한 후 ❸ → 아이콘을 눌러 적용합니다.

이전 단계로 돌아갈 수 있습니다.

03 ❶ 적용 아이콘 ⊘을 탭해서 다음 화면으로 넘어갑니다. ❷ 영상을 최종 확인한 뒤 [다음]을 탭합니다.

추가한 음악이 나타납니다.

04 세부 정보 추가하기

① 펜 모양 아이콘 ✐을 눌러서 섬네일을 변경하고 ②
[Shorts 동영상 설명 추가]에 영상 제목과 키워드를 입
력합니다. 제목은 사람들이 궁금해하거나 끌리는 내용
으로 작성합니다. ③ 이번 실습은 영상을 빠르게 올려
보는 것이 목적이므로 공개 상태를 [비공개]로 설정합
니다. ④ 마지막으로 [Shorts 동영상 업로드]를 탭해서
동영상을 게시합니다.

▶ 실제로 쇼츠 영상을 업로드할 때는 [공개]로 설정하고, 동영상 링크가 있
  는 사람만 나의 영상을 볼 수 있게 설정하려면 [일부 공개]로 설정합니다.
  쇼츠 영상을 바로 올리지 않고 날짜와 시간을 설정해서 예약해 두면 그
  날짜와 시간에 자동으로 공개됩니다.

? 궁금해요! | 나머지 옵션은 어떻게 설정하는 게 좋을까요?

세부 정보 추가 창 하단에 있는 나머지 옵션은 선택 사항입니다.
쇼츠 영상을 둘 이상으로 나누어 올렸거나 또 다른 관련 동영상이
있을 경우 바로 연결해 둘 수 있으므로 조회수를 늘리는 데 유리합
니다. 한편 광고비를 받아 제작한 영상이라면 [유료 프로모션 라벨
추가]는 선택이 아닌 필수 사항입니다.

① **관련 동영상**: 콘텐츠 제목 위에 ▶ 표시와 함께 지정한 영상의 제목
   이 나타나며, 해당 제목을 누르면 동영상이 바로 연결됩니다.

② **Shorts 리믹스**: 기본 허용으로 두면 다른 사람이 나의 영상을 다른 영상과 편집해 사용하는 등 자유
   롭게 활용할 수 있습니다.
③ **유료 프로모션 라벨 추가**: 콘텐츠가 유료 광고를 포함한다면 반드시 라벨을 추가해야 합니다.

05 업로드한 콘텐츠는 **1** 내 계정 아이콘을 누른 뒤 **2** [내 동영상]을 선택하면 목록에서 확인할 수 있습니다.

하면 된다! } PC에서 쇼츠 업로드하기

이번에는 02-1절에서 '브루로 만든 영상'을 PC에서 업로드해 보겠습니다.

01 유튜브 스튜디오(studio.youtube.com)에 접속한 후 오른쪽 상단에서 [만들기 → 동영상 업로드]를 클릭합니다.

02 브루에서 만든 영상을 드래그 앤 드롭하거나 [파일 선택]을 클릭해서 영상을 업로드합니다.

03 영상이 업로드되면 다음 화면으로 넘어갑니다. 유튜브는 영상 비율과 길이를 확인해서 쇼츠와 일반 영상 가운데 어떤 것으로 업로드할지 자동으로 인식합니다. 테스트 동영상 업로드 창이 나타나면 세부 정보에서 ❶ 영상의 제목을 입력합니다. ❷ 스크롤을 내려 시청자층 항목을 [아니요, 아동용이 아닙니다]로 선택하고 ❸ [다음]을 클릭합니다.

❶ 제목 입력

▶ 만약 아동용 영상이라면 [예, 아동용입니다]를 선택합니다.

> PC에서 쇼츠를 올리면 섬네일이 자동 설정되므로 직접 설정하고 싶다면 모바일 앱에서 업로드하세요!

04 연습 삼아 영상을 업로드해 보는 것이 목적이므로 [다음]을 클릭해서 [동영상 요소]와 [검토] 단계는 건너뜁니다. 단, 검토 단계에서 저작권 문제가 발견되었다는 표시가 나타나면 반드시 확인해야 합니다.

05 모바일에서 쇼츠를 올리는 방법과 마찬가지로 ❶ 공개 상태를 [비공개]로 설정하고 ❷ [저장]을 클릭합니다.

06 업로드한 쇼츠 영상은 유튜브 스튜디오의 [콘텐츠 → Shorts]에서 확인할 수 있습니다.

? **궁금해요!**   **초반에 조회수가 안 나와요!**

쇼츠를 도입한 초기에는 유튜브가 신규 계정의 쇼츠를 적극 밀어주어 구독자가 0명인 채널도 조회수 1,000회를 쉽게 넘기곤 했습니다. 하지만 지금은 유튜브가 내 채널을 파악하는 기간이 생겼습니다. 쇼츠 20개 이상을 업로드하고 3~4주가 지나야 조회수가 안정되게 나오는 경우가 많습니다.

유튜브는 N개의 알고리즘을 적용하기 때문에 모든 계정이 동일한 결과를 보이는 것은 아니지만, 특히 초기 계정에서 이런 패턴이 자주 나타납니다. 그러니 자신의 취향에만 치우치기보다 시청자의 관심사와 트렌드를 반영해 쇼츠를 제작하는 것이 좋습니다.

물론 시청자가 모이는 쇼츠 콘텐츠를 올리려면 고려해야 할 것이 많습니다. 하지만 쇼츠를 하나 올려 보니 어떤가요? 시작이 반이니 앞으로 반만 해결해 나가면 됩니다. 조회수가 터지는 쇼츠 영상을 만드는 방법은 둘째마당에서 살펴보겠습니다.

떡상의 비결

이것 모르면 계정 날아갑니다!
내 채널을 지키는 보안 설정법

▶ 채널이 정지된다고? 유튜브 계정이 날아가는 원인 5가지

유튜브 가이드라인을 위반해서 채널이 정지 또는 영구 삭제되는 경우를 종종 볼 수 있습니다. 유튜브는 사용자가 위반한 조항을 제시하며 콘텐츠를 삭제하거나 계정을 정지한다는 이메일을 발송합니다. 사용자는 유튜브의 조치가 틀렸다고 이의 제기를 남길 수 있습니다.

유튜브 계정이 아예 삭제되는 일이 발생하기도 해요!

유튜브 계정이 날아가는 주요 원인을 알아보겠습니다.

주요 원인	설명
수익 창출 정책 위반	부정한 방법으로 광고를 클릭하게 유도하거나 자신의 광고를 반복해서 클릭하는 행위를 해서는 안 됩니다. 무분별하게 광고 링크를 올려서 계정이 삭제되는 경우도 있습니다. 이윤을 목적으로 하는 상업용 링크를 무분별하게 사용하지 않도록 주의해야 합니다.
커뮤니티 가이드라인 위반	커뮤니티에 자해, 폭력, 위험한 행동을 묘사하는 콘텐츠나 스팸, 오해를 불러일으키는 콘텐츠, 즉 반복적이고 무의미한 댓글이나 과도한 광고 등은 명백한 계정 정지 사유입니다. 또한 악플을 달아 다른 사용자를 괴롭히는 행위도 엄격하게 금지합니다.

반복적인 위반	유튜브는 3회 경고 정책을 운영하고 있습니다. 경고를 3회 받으면 계정이 영구히 삭제될 수 있습니다. 경고는 90일 동안 위력이 발생하며, 이 기간 동안 추가 위반 이 발생하면 더 큰 제재를 받을 수도 있습니다.
저작권 침해	다른 사람의 저작권을 침해하는 콘텐츠를 업로드했다가 신고를 당하면 경고를 받 습니다. 이런 상황이 반복되면 계정이 삭제될 수 있습니다.
유튜브 서비스 약관 위반	동일한 사용자가 운영하는 다수의 계정 중에 하나라도 규정을 위반하면 모든 계정 이 정지될 수 있습니다.

가끔 유튜브의 잘못된 판단으로 피해를 보는 경우도 있지만, 자칫 사소한 실수로 계 정이 정지되는 불상사가 일어날 수 있으니 가이드라인을 어기지 않도록 조심해야 합 니다.

▶ 해킹 방지를 위해 2단계 인증은 필수!

계정을 보호할 수 있는 또 다른 방법은 다른 사람이 내 계정을 도용하거나 해킹하지 못하도록 방지하는 것입니다. 구글 로그인을 할 때 2단계 인증 단계를 거치도록 설정 하세요. 2단계 인증을 설정하면 계정에 로그인할 때 한 번 더 확인 과정을 거치면서 해킹을 방지할 수 있습니다.

하면 된다! } 보안을 위한 2단계 인증 설정하기

미리 보안을 설정해 두면 자신의 계정을 보호할 수 있습니다. 2단계 인증으로 아무 도 침입할 수 없는 방호책을 만들어 보겠습니다.

01 ❶ 구글에 접속하여 계정 아이콘을 클릭하고 ❷ [Google 계정 관리]를 누 릅니다.

02 계정 관리 페이지에서 ❶ [보안] 메뉴에 들어간 뒤 ❷ [2단계 인증]을 클릭합니다. 구글의 계정 보안 페이지(myaccount.google.com/security)로 바로 접속해도 됩니다.

03 인증 방법 4가지 가운데 하나 이상을 선택해서 2단계 인증을 완료합니다.

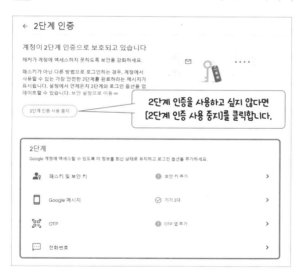

2단계 인증 외에 주기적으로 비밀번호를 변경해 주는 것도 계정을 보호하는 데 큰 도움이 됩니다. 이제 안심하고 유튜브 채널을 운영할 수 있습니다.

유튜브 쇼츠는 짧은 시간 안에 많은 사람들에게 도달할 수 있는 강력한 도구이지만 단순히 영상을 찍어 올리는 것만으로는 성공을 보장할 수 없습니다. 전략 기획과 흥미를 끄는 영상 편집이 필수입니다. 둘째마당에서는 터지는 쇼츠를 만드는 키워드 전략부터 콘텐츠 영상을 제작하는 방법까지 시청자를 공략하는 노하우를 빠짐없이 공개하겠습니다. 01-2절에서 살펴본 4단계 가운데 1~2단계를 실전 적용해 보겠습니다.

알고리즘 '떡상'을 위한 기획 및 영상 제작법

03

지피지기면 백전불태!
터지는 주제를 찾는
4가지 전략

콘텐츠를 제작할 때 가장 중요한 것은 바로 시청자의 관심을 끄는 주제를 선택하는 것입니다. 유튜브에서는 주제를 어떻게 선택해야 하느냐에 따라서 시청자의 흥미를 유발할 수 있고, 유튜브 알고리즘의 선택을 받을 수도 있습니다. 더 나아가서 충성도가 높은 구독자도 확보할 수 있습니다. 이때 주제를 상징하는 키워드는 내 채널이 어떤 콘텐츠를 다루는지 유튜브에게 알려 주고 인식시키는 역할을 합니다. 터지는 주제를 찾는 4가지 핵심 전략을 소개합니다.

03-1 키워드를 분석해서 콘텐츠 주제 찾기

03-2 알고리즘의 선택을 받는 콘텐츠 살펴보기

03-3 데이터 분석은 필수! 비드아이큐로 키워드 발굴하기

03-4 AI를 활용해서 1분 컷 콘텐츠 주제 찾기

🔥 떡상의 비결 시청자를 끌어들이는 건 바로 키워드!

03-1

키워드를 분석해서
콘텐츠 주제 찾기

키워드는 시청자들이 무엇을 궁금해하고 어떤 정보를 찾는지 알려 주는 중요한 지표입니다. 특히 유튜브에서 밀어주는 콘텐츠인지 알아볼 수 있는 정보이기도 하죠. 유튜브에 올라온 영상 키워드를 분석하거나 키워드 툴 웹 사이트를 활용하면 해당 키워드가 시청자의 관심을 끌 수 있는 주제가 맞는지 확인할 수 있습니다. 여기서는 키워드를 검색해서 효과적인 콘텐츠 주제를 찾아보겠습니다. 이때 내가 만들고자 하는 콘텐츠의 카테고리 키워드를 정확히 파악하고 활용하는 것이 중요합니다.

하면 된다! } 검색 창에 나타나는 연관 검색어 확인하기

먼저 원하는 카테고리의 키워드를 찾으려면 여러분이 제작할 콘텐츠의 카테고리를 명확히 정해야 합니다. 예를 들어 생활용품을 소개하는 콘텐츠를 만들고 싶다면 가장 먼저 '생활용품'이라는 키워드를 떠올릴 수 있습니다. 생활용품과 관련된 키워드를 하나하나 발굴해 보겠습니다.

01 키워드 검색하기

유튜브(www.youtube.com)에 접속하고 검색 창에 원하는 카테고리의 키워드를 입력합니다. 여기서는 생활용품이라고 입력해 보겠습니다.

02 연관 키워드 확인하기

생활용품을 입력하면 유튜브는 자동으로 관련된 검색어를 제안해 줍니다. '생활용품 추천', '생활용품 만들기', '생활용품 리뷰' 등 다양한 연관 키워드가 나타납니다. 이러한 연관 키워드를 통해서 시청자들이 어떤 주제에 관심을 갖고 있는지 파악할 수 있습니다.

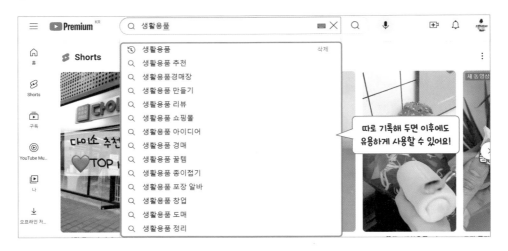

03 연관 키워드 콘텐츠의 조회수 확인하기

연관 키워드를 검색해서 찾은 쇼츠 콘텐츠의 평균 조회수를 확인합니다. 검색 결과 페이지에서 스크롤을 내리면서 쇼츠 콘텐츠를 전체적으로 살펴보세요.

이 방법을 사용하면 조회수가 높은 키워드의 영상을 전체적으로 훑어 볼 수 있다는 장점이 있습니다. 단순히 키워드를 찾기 위한 방법으로는 다음 실습에서 다루는 '키워드 툴'을 사용하는 것을 추천합니다.

하면 된다! } '키워드 툴'에서 연관 키워드 찾기

저는 키워드 툴 웹 사이트(keywordtool.io)에서 키워드를 찾습니다. 키워드 툴은 키워드를 분석하는 강력한 사이트로 다양한 플랫폼의 키워드를 찾을 수 있게 도와줍니다. 무료 버전으로도 쓸 만한 자료를 제공하니 부담 갖지 말고 따라 해보세요.

키워드 툴 로고

01 키워드 툴 웹 사이트에 접속합니다. ❶ [YouTube]를 선택하고 ❷ 키워드로 생활용품을 입력한 후 ❸ [한국어]를 선택합니다. ❹ 돋보기 아이콘 🔍을 클릭하거나 Enter 를 눌러 검색합니다.

02 키워드 검색 결과로 나온 키워드는 따로 기록해 둡니다.

기록해 둔 키워드는 주제를 구체화하는 데 도움을 주기도 하고, 키워드를 확장하는 데에도 활용할 수 있습니다!

키워드 검색 결과

하면 된다! } 최근에 인기 있는 콘텐츠 키워드 찾기

한 달 이내에 조회수가 높은 쇼츠 콘텐츠를 분석하면 최근에 어떤 주제가 잘나가는지 명확하게 알 수 있습니다. 이를 바탕으로 유사한 주제나 형식을 따르는 쇼츠 콘텐츠를 제작할 수 있습니다.

01 검색 필터 적용하기

❶ 유튜브 검색 창에 콘텐츠 주제와 관련된 키워드를 검색합니다. 예를 들어 인테리어 관련 콘텐츠를 만들고 싶다면 인테리어를 검색합니다. ❷ 오른쪽에서 [필터]를 클릭해 검색 필터 창이 열리면 ❸ 업로드 날짜를 [이번 달]로 선택합니다.

▶ 너무 상세하고 구체적인 키워드는 쇼츠 콘텐츠 검색 결과가 적을 수 있습니다. 따라서 조회수가 큰 키워드를 중심으로 검색하는 것이 좋습니다.

02 조회수로 잘나가는 주제 파악하기

'인테리어'를 검색한 결과 최근 영상에도 조회수가 1천 회 이상 나온 것을 확인할 수 있습니다. 이런 주제는 내 영상의 키워드로 선정해도 좋습니다.

03 이번에는 생활용품 인테리어를 검색합니다. 조회수가 3~4회인 영상도 확인할 수 있는데, 이런 콘텐츠와 비슷한 주제로 올린다면 내 영상의 조회수도 저조할 확률이 높으니 유의해야 합니다.

키워드를 활용해서 조회수를 철저하게 분석하는 것은 잘나가는 주제를 파악하고 성공적인 유튜브 쇼츠 콘텐츠를 제작할 수 있는 필수 전략입니다. 이를 통해 더욱 많은 시청자의 관심을 끌고 지속적인 채널 성장을 도모할 수 있습니다.

✏️ 쇠뿔도 단김에! | **연관 키워드 찾아보기**

유튜브 연관 키워드와 키워드 툴을 이용하여 분석한 키워드를 기록해 보세요.

카테고리	키워드
인테리어	인테리어 소품, 인테리어 기초, 공부방 인테리어, 구축 아파트 인테리어
생활용품	생활용품 추천, 생활용품 아이디어, 생활용품 꿀템

▶ 이지스퍼블리싱 홈페이지의 [자료실]에서 PDF 문서를 내려받을 수 있습니다. 공간이 좁다면 활용해 보세요!

키워드를 활용해 잘나가는 콘텐츠를 찾는 방법을 알아봤습니다. 이렇게 검색 결과 페이지에서 다양한 쇼츠 콘텐츠를 전체적으로 확인하면서 전반적인 조회수 트렌드를 파악하는 것이 중요합니다. 이 과정을 거쳐 인기 있는 키워드를 식별하고, 그 키워드에 기반한 콘텐츠를 제작하면 채널을 성장시키고 시청자를 확보하는 데 도움이 될 것입니다.

하면 된다! } 동일한 카테고리의 인기 채널 탐색하기

관심사가 유사한 시청자를 타깃으로 하는 채널의 인기 콘텐츠를 분석하여 주제를 선정하는 것은 매우 효과적인 전략입니다. 채널의 타깃을 파악하려면 먼저 해당 카테고리의 유튜브 채널을 분석해야 합니다.

01 카테고리가 같은 채널 검색하기

❶ 유튜브에서 인테리어 유튜버 또는 인테리어 유튜브라고 검색합니다. ❷ [필터]를 클릭하고 ❸ 검색 필터의 구분을 [채널]로 선택합니다.

02 카테고리가 같은 채널 목록 확인하기

카테고리가 같은 유튜브 채널 목록을 확인하고 채널을 최소 10개 이상 클릭해서 들어가봅니다.

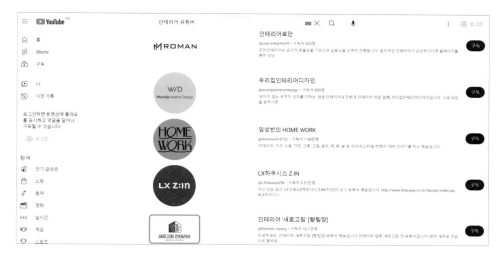

03 최신순으로 쇼츠 확인하기

❶ [Shorts] 탭을 클릭하고 ❷ [최신순]으로 정렬합니다.

출처: 유튜브 '인테리어 새로고침 [향팀장]'

04 조회수가 평균 이상으로 튄 콘텐츠를 찾아서 목록 정리하기

조회수가 평균보다 높은 3개월 이내 쇼츠 콘텐츠를 10개 이상 찾습니다. 콘텐츠의 주제와 제목, 키워드를 유사하게 설정해 올리면 인기 콘텐츠로 선정될 확률이 높아집니다. 다음 콘텐츠는 조회수가 튀는 것도 있지만 평균 조회수가 1천 회 미만이므로 그 이상인 콘텐츠만 골라 인기 영상 분석표에 기록합니다.

▶ 인기 영상 분석표는 이지스퍼블리싱 홈페이지 [자료실]에 있는 PDF에서 확인할 수 있습니다. 03-2절에서 분석표의 자세한 사용법을 살펴보세요.

알고리즘의 선택을 받는 콘텐츠 살펴보기

알고리즘이 밀어주는 콘텐츠를 기반으로 쇼츠를 제작하면 내 콘텐츠가 노출될 확률이 높아집니다. 현재 밀어주는 유튜브 알고리즘의 힘을 어떻게 활용할 수 있는지 함께 알아보겠습니다.

▶ 밀어주는 콘텐츠로 알아보는 유튜브 알고리즘

우선 유튜브 알고리즘이 밀어주는 콘텐츠를 만드는 3가지 채널을 살펴보겠습니다. 세 채널 모두 콘텐츠 주제가 비슷합니다.

▶ 2025년 3월 기준으로 알고리즘을 탄 콘텐츠를 소개합니다. 시간이 지나면 유튜브가 밀어주는 콘텐츠 주제가 달라질 수 있습니다.

❶ Hankooktasty

Hankooktasty(www.youtube.com/@Hankooktasty)는 2023년 10월 13일 첫 쇼츠 영상을 업로드했는데 구독자를 벌써 228만 명이나 보유하고 있습니다. 콘텐츠의 내용은 우리나라 직장인의 평범한 점심 메뉴로 구내식당에서 식판에 반찬을 담아서 보여 주는 영상입니다.

이 채널에서 가장 인기 있는 쇼츠 영상은 무려 11억 조회수를 기록하고, 좋아요 수 361만 개, 댓글 수는 1만 4천 개입니다. 한국 음식에 관심이 많은 외국인 구독자가 큰 비중을 차지합니다. 식판에 반찬을 담는 영상이 어떻게 이렇게 많은 조회수가 나오는지 신기하죠? 이렇게 알고리즘의 혜택을 받는 콘텐츠를 주제로 활용하면 여러분도 알고리즘의 선택을 받을 수 있습니다.

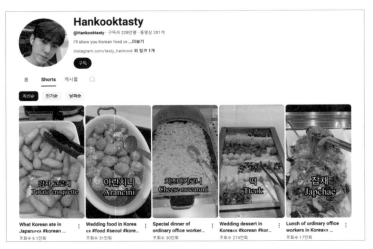

출처: 유튜브 'Hankooktasty'

❷ 게자리 Gaezari

게자리 Gaezari(www.youtube.com/@gaezari97)는 2023년 6월 21일 첫 쇼츠 영상을 업로드했으나 벌써 구독자 290만 명을 보유한 채널이 되었습니다. 콘텐츠의 내용은 Hankkookstasty 유튜브 채널과 비슷합니다. 식판에 반찬을 담는 영상이 주된 콘텐츠이고, 종종 다른 스타일의 영상도 업로드합니다.

이 채널에서 가장 인기 있는 쇼츠 영상은 5억 조회수를 기록했고, 좋아요 수 190만개, 댓글은 4,862개가 달렸습니다. 마찬가지로 한국 음식에 관심이 많은 외국인 구독자가 많은 비중을 차지합니다.

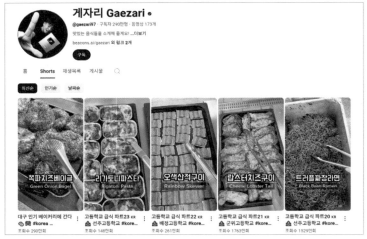

출처: 유튜브 '게자리 Gaezari'

❸ Eat in Korea

2023년 12월 11일 첫 쇼츠 영상을 업로드한 Eat in Korea(www.youtube.com/@ EatinKorea) 채널은 구독자를 약 43만 명 보유하고 있고, 콘텐츠의 주 내용은 역시 식판에 반찬을 담는 영상입니다. 이 채널에서 가장 인기 있는 쇼츠 영상은 1억 조회수를 기록하고 있고 좋아요 수 56만 개, 댓글 수는 1,725개입니다.

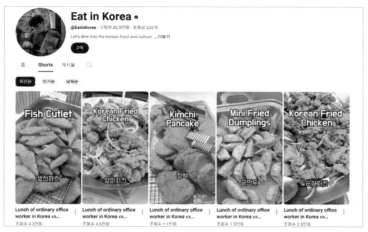

출처: 유튜브 'Eat in Korea'

세 유튜브 콘텐츠의 공통점은 무엇일까요? 바로 식판에 우리나라 음식을 담아 소개한다는 것이죠. 유튜브 알고리즘은 다양한 요소를 고려하여 **사용자에게 맞춤형 콘텐츠를 추천합니다.** 여기에는 사용자의 시청 이력, 검색 기록, 좋아요, 구독한 채널 등이 포함됩니다.

▶ 알고리즘의 원리는 06-1절에서 자세히 소개합니다.

그리고 유튜브 쇼츠에서는 또 다른 중요한 요소가 작용합니다. 바로 **특정 시기에 특정 유형의 콘텐츠가 알고리즘을 타고 많은 사용자에게 추천된다는 것입니다.** 이런 현상은 어떻게 일어날까요? 쇼츠는 짧은 시간 동안 빠르게 소비되는 콘텐츠 특성상 특정 주제의 스타일이 알고리즘을 타기 시작하면 그 콘텐츠와 비슷한 주제를 다루는 콘텐츠도 노출 확률이 높아집니다. 앞서 소개한 세 채널의 콘텐츠처럼 식판에 반찬을 담는 영상이 특정 시기에 좋은 조회수를 얻는 것을 보면 알 수 있습니다.

그런데 알고리즘을 타게 해주는 이 시기가 계속되지는 않습니다. 알고리즘을 타는 콘텐츠를 발견했다면 빠르게 비슷한 콘텐츠를 만들어서 올리는 것이 '밀어주는 콘텐츠를 통한 쇼츠 주제 찾기'의 핵심입니다.

▶ 유튜브 알고리즘이 밀어주는 콘텐츠 주제 찾기

이처럼 유튜브 쇼츠에서는 특정 시기에 알고리즘을 타는 콘텐츠가 있습니다. 트렌디한 콘텐츠를 잘 분석하고 신속하게 대응하는 것이 성공의 열쇠입니다. 이 기능을 최대한 활용하여 독자 여러분의 채널을 성장시키세요. 성공하는 주제를 찾으려면 다음 4가지 전략이 필요합니다.

① 트렌드 분석하기

현재 어떤 주제나 어떤 스타일의 쇼츠가 인기를 끌고 있는지 지속적으로 모니터링합니다. 인기 있는 쇼츠를 자주 시청하거나 유튜브 내 '인기 급상승' 페이지를 참고할 수도 있습니다.

② 빠르게 대응하기

알고리즘이 밀어주는 콘텐츠를 발견했다면, 신속하게 관련된 콘텐츠를 제작하여 업로드하는 것이 좋습니다. 콘텐츠의 내용과 콘텐츠의 제목, 키워드를 유사하게 만들어서 제작하면 됩니다. 이때 주의해야 할 점은 동일하게 만들면 안 된다는 것입니다. 참고만 할 뿐 나의 창작을 더한 콘텐츠를 만들어야 합니다. 밀어주는 콘텐츠는 빠르게 변화될 수 있으므로 빠르게 대응하는 것이 중요합니다.

③ 창의적으로 접근하기

단순히 알고리즘이 밀어주는 콘텐츠를 따라가는 것만으로는 충분하지 않습니다. 인기 있는 주제를 활용하되, 자신만의 창의적인 아이디어를 조금이라도 추가하여 독창적인 콘텐츠를 제작해야 합니다. 이렇게 하면 차별화된 매력을 지닌 콘텐츠로 더 많은 시청자의 관심을 받을 수 있습니다.

④ 지속적으로 업로드하기

알고리즘의 선택을 받으려면 콘텐츠를 꾸준히 업로드하는 것이 필수입니다. 일정한 주기로 콘텐츠를 업로드하면 알고리즘이 채널을 더 자주 노출시킬 확률이 높아집니다.

하면 된다! } 유튜브 알고리즘이 밀어주는 콘텐츠 찾기

유튜브가 내 영상을 다른 시청자에게 추천해 주는 빈도를 늘리려면 알고리즘을 타는 영상을 만들면 됩니다. 내가 만들 콘텐츠와 내용이 유사하면서도 인기 있는 영상을 분석하면 콘텐츠를 만드는 데 도움이 되겠죠. 이번 실습에서는 유튜브 알고리즘을 내 편으로 만드는 방법을 알아보겠습니다.

01 유튜브에 내가 관심 있는 영상을 알려 주어 알고리즘 학습시키기

❶ 유튜브 왼쪽 메뉴에 있는 [Shorts] 탭을 클릭해서 추천 영상을 시청합니다. ❷ 관심이 있거나 만들어 보고 싶은 콘텐츠에 [좋아요]를 누릅니다. 관심이 없는 콘텐츠는 [싫어요]를 눌러서 내가 해당 콘텐츠에 관심이 없음을 알고리즘에 확실하게 표현합니다. 이렇게 반복하면 유튜브가 내가 관심 있는 영상을 학습합니다.

02 유튜브가 추천하는 쇼츠 콘텐츠 분석하기

알고리즘이 학습을 완료하면 [Shorts] 탭을 눌렀을 때 내가 관심 있을 만한 영상, 이미 많은 사용자에게 호응을 얻는 영상 등이 무작위로 재생됩니다. 그중에 내가 만들고 싶은 분야의 인기 영상을 분석해 표로 정리합니다.

영상 제목	채널명	조회수 (개)	좋아요 수 (개)	댓글 수 (개)	주제 /내용	길이 (초)	해시태그 /키워드	편집 스타일	특이 사항
제목 1	채널명 1	1,200,000	50,000	1,250	운동 루틴	25	#오운완 #운동법	컷 편집, 클로즈업	초기에 강력한 카피 사용
제목 2	채널명 2	8,500	100	10	최근 시세가 많이 오른 아파트 TOP 10	30	#아파트 시세 #부동산	사진 슬라이드, 목소리와 자막	전체 지역을 기준으로 아파트 시세 보기
제목 3	채널명 3	500,000	2,000	100	요리 레시피	50	#korean food #여름 음식	슬로 모션	독특한 요리 방법 소개
제목 4	채널명 4	700,000	15,000	1,200	나만의 육아법	19	#육아법 #탈무드 육아	빠른 편집	아이가 자기 주도적이 되는 방법

인기 영상 분석표 예시

03 분석표의 콘텐츠 키워드를 유튜브에서 검색하고 조회수 확인하기

영상 제목에 포함된 키워드나 #으로 시작하는 태그를 검색합니다. 앞선 실습과 동일한 방법으로 해당 키워드에 다른 콘텐츠도 조회수가 잘 나오는지 확인합니다. 조회수가 살아 있는 콘텐츠라면 신속하게 영상을 제작하세요.

영상 제목에 포함된 키워드를 검색하거나 #으로 시작하는 태그를 검색하세요!

✎ 셀프도 단김에! | 유튜브 채널 분석해서 키워드 찾기

유튜브에서 인기가 많은 영상과 채널을 분석하여 꼼꼼히 기록해 보세요. 앞에서 소개한 영상 분석표 예시를 참고하세요.

영상 제목	채널명	조회수(개)	좋아요 수 (개)	댓글 수 (개)	주제/내용	길이(초)	해시태그 /키워드	편집 스타일	특이 사항
제목1	채널명1	1,200,000	50,000	1,250	운동 루틴	25	#오운완 #홈트닝	컷 편집, 클로즈업	초반에 강렬한 카피 사용

◑ 이지스퍼블리싱 홈페이지의 [자료실]에서 PDF 문서를 내려받을 수 있습니다. 기록할 공간이 좁다면 활용해 보세요!

책을 가로로 돌려 사용하세요!

03-3

데이터 분석은 필수!
비드아이큐로 키워드 발굴하기

앞서 잘나가는 영상의 키워드를 전체적으로 살펴보며 주제를 찾아보았습니다. 이번에는 정확한 데이터를 바탕으로 노출에 유리한 키워드를 고르는 방법을 알아보겠습니다. 이때 키워드 추출에 도움을 주는 비드아이큐(vidIQ)라는 도구를 사용하면 내가 벤치마킹할 만한 영상의 키워드를 쉽게 분석할 수 있습니다.

▶ 유튜브 분석 도구는 따로 있다! — 비드아이큐

비드아이큐는 유튜브 크리에이터와 마케터를 위한 키워드 분석 서비스입니다. 크롬 확장 프로그램 형태로도 제공되므로 유튜브 내에서 콘텐츠 분석과 최적화 작업을 직접 수행하기에 좋습니다. 무료 기능만 사용해도 키워드를 찾을 수 있습니다.

비드아이큐 로고

비드아이큐를 활용하면 자신의 콘텐츠와 채널의 성과를 분석하고, 시청자 참여도를 높이며, 최적의 콘텐츠 전략을 개발할 수 있습니다. 전 세계 수많은 유튜버가 비드아이큐를 사용하고 있습니다. 비드아이큐의 주요 기능은 다음과 같습니다.

기능	특징
분석 도구	조회수, 구독자 수, 시청 시간 등 채널의 성과를 확인할 수 있는 지표를 추적해 주어 자신의 콘텐츠 전략을 세울 수 있는 인사이트를 얻을 수 있습니다.
키워드 리서치	효과적인 키워드를 찾아 콘텐츠의 검색 가능성을 높이는 데 기여합니다. 콘텐츠가 유튜브 타깃 시청자에게 도달하고 검색 결과에서 더 높은 순위를 차지하도록 돕습니다.
경쟁자 분석	경쟁 채널과 비교 분석하여 자신의 유튜브 채널 상태를 파악하고 경쟁 우위를 확보하는 전략을 수립할 수 있도록 도와줍니다.

최적화 SEO 점수	유튜브 영상의 최적화 점수를 제공하여 콘텐츠의 SEO를 개선할 수 있는 구체적인 조언을 받을 수 있습니다.
추천 알고리즘 인사이트	유튜브의 추천 시스템과 관련된 인사이트를 제공하여 자신의 채널 영상이 더 많은 시청자에게 추천될 수 있도록 전략을 변경할 수 있습니다.

하면 된다! } 비드아이큐 설치하기

비드아이큐는 다양한 유료 구독 옵션을 제공하지만 무료로 사용해도 충분합니다. 실습에서는 크롬 확장 프로그램 무료 버전을 사용하겠습니다. 일부 브라우저에서는 동작하지 않을 수 있으니 크롬 브라우저의 최신 버전을 사용하는 것을 권장합니다. 앱에서도 동작하지 않으니 꼭 PC를 활용해 주세요.

01 유튜브에 최적화된 웹 브라우저인 크롬을 실행합니다. ❶ 크롬 브라우저의 오른쪽 상단에서 [⋮ → 확장 프로그램 → Chrome 웹 스토어 방문하기]를 선택합니다. ❷ 웹 스토어에서 vidIQ Vision for YouTube를 검색한 다음 [Chrome에 추가]를 클릭해 설치합니다.

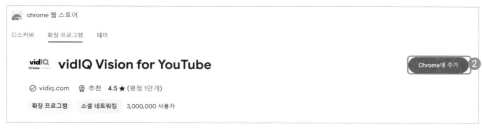

크롬 웹 스토어 내 비드아이큐 설치 페이지(bit.ly/chrome_vidIQ)

02 비드아이큐 로그인하기

비드아이큐에 로그인하면 무료 기능을 사용할 수 있습니다. 비드아이큐 회원 가입 페이지 또는 메인 화면이 나타나면 [Sign Up for Free]를 눌러 비드아이큐에 회원 가입을 하고 로그인합니다. ▶ 구글 계정으로 가입할 수 있습니다.

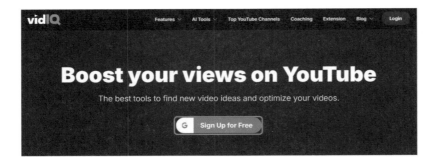

03 유튜브 채널 연결하기

❶ [Connect Your Channel]을 클릭하여 나의 유튜브 채널을 연결합니다. 02-2절에서 만든 브랜드 계정을 선택하고 비드아이큐 권한을 허용합니다. 권한을 허용하면 '유튜브 콘텐츠에 대한 수익 및 비수익 분석 보고서 보기 권한'을 비드아이큐에 제공하게 됩니다. ❷ 결제 창이 뜨면 ☒ 버튼을 누릅니다.

 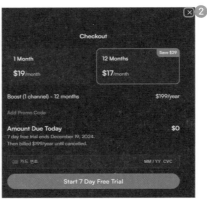

▶ 유튜브 계정 관리 권한을 비드아이큐에 제공하면서 비드아이큐가 신뢰할 수 있는 앱으로 등록됩니다.

04 가입한 이메일 액세스 권한 부여하기

비드아이큐에 가입한 계정에 이메일이 도착하면 ❶ [활동 확인]을 클릭한 후 ❷ [예, 본인의 활동입니다]를 선택하여 액세스 권한을 부여합니다.

05 크롬 브라우저에 비드아이큐 고정하기

❶ 크롬 브라우저 오른쪽 상단에서 확장 프로그램 아이콘 🧩을 클릭하고 ❷ 고정 아이콘 📌을 클릭합니다. 고정은 필수가 아니지만 비드아이큐 앱을 실행하거나 비드아이큐에 들어갈 때 유용합니다. 자주 사용할 예정이니 고정해 두는 게 편리합니다.

▶ 이 책에서 따라 하는 비드아이큐 실습은 크롬 확장 프로그램으로 설치해 둬야 진행할 수 있습니다.

06 유튜브에서 비드아이큐 패널 확인하기

다시 유튜브(www.youtube.com)에 접속해 영상을 클릭해 보세요. 페이지 오른쪽 상단에 비드아이큐 아이콘이 추가된 것을 볼 수 있습니다. 다음과 같이 나타나지 않는다면 웹 브라우저 자체를 종료하고 다시 실행하세요. 그래도 적용되지 않는다면 크롬 브라우저를 업데이트하거나 PC를 재부팅하세요.

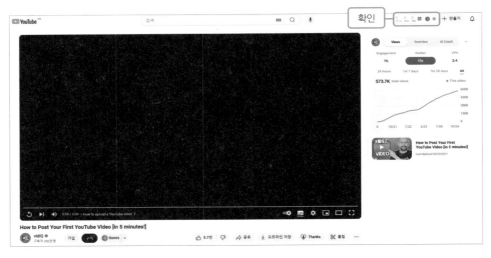

확인

▶ 이렇게 하면 대개 해결되지만, 만약 제대로 나타나지 않는다면 비드아이큐 웹 사이트의 고객센터에서 문제를 해결할 수 있습니다. 비드아이큐 아이콘이 추가되었으나 오른쪽에 패널이 나타나지 않으면 비드아이큐 아이콘을 직접 클릭하여 로그인하면 됩니다.

▶ 비드아이큐 200% 활용법 4가지

다른 영상의 키워드를 참고한다면 내 콘텐츠의 핵심 키워드를 빠르게 발굴할 수 있습니다. 비드아이큐는 다른 영상을 벤치마킹할 때 정확한 데이터를 얻을 수 있는 유용한 도구입니다. 비드아이큐로 키워드의 효력을 분석하는 방법을 자세히 살펴보겠습니다. ❶과 ❷는 검색 결과 화면에서, ❸과 ❹는 영상을 클릭한 화면에서 확인할 수 있습니다.

❶ 키워드 점수로 찾기

유튜브에서 키워드를 검색하면 오른쪽에 비드아이큐 패널이 나타납니다. 패널에서는 해당 키워드의 점수를 확인할 수 있습니다. 100점 만점에 점수가 높을수록 사용하기 좋은 키워드라고 할 수 있습니다.

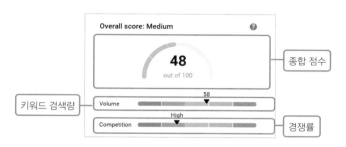

여기에서 **볼륨**(Volume)은 키워드 검색량입니다. **컴피티션**(Competition)은 얼마나 많은 콘텐츠에서 해당 키워드를 사용하는가를 뜻하는 경쟁률입니다. 마지막으로 맨 위에 있는 **오버롤 스코어**(Overall score)는 볼륨과 컴피티션 점수를 환산한 키워드의 종합 점수입니다. 검색량은 높지만 경쟁률이 낮은 키워드를 사용하는 것이 가장 좋겠죠? 그래서 가능한 한 종합 점수가 50점 이상인 키워드를 사용하는 것이 이상적입니다.

❷ 연관 상위 태그로 찾기

이어서 [Top related opportunities]를 살펴보 겠습니다. 여기에서는 검색 키워드와 연관 키 워드 가운데 상위 키워드를 추천해 줍니다. 이 렇게 키워드를 검색하고 또 다른 키워드를 추 천받으며 계속해서 키워드를 확장해 나갈 수 있습니다.

▶ 유튜브 영상을 올릴 때 입력하는 키워드를 태그라고 합니다. 이 책에서는 키워드와 태 그를 동의어로 사용합니다.

❸ 비디오 태그로 찾기

영상을 클릭해서 들어가면 동영상 시청 화면 오른쪽에 비드아이큐 패널이 나타납니다. [Overview] 메뉴를 클릭하고 스크롤을 내리면 [Video Tags]에서 해당 영상에서 사용하는 키워드를 확인할 수 있습니다.

[Video Tags]는 해당 태그를 유튜브에서 검색했을 때 영상이 몇 번째로 나타나는지 알려 주는데요. 태그 오른쪽에 있는 #으로 시작하는 숫자 #49, #111, #32가 바로 각 키워드를 유튜브에서 검색했을 때 순번이며, 각각 49번째, 111번째, 32번째로 나타난다는 것을 의미합니다. 해당 태그에 영상이 노출되지 않으면 태그로 사용한 키워드만 나타납니다. ▶ 태그를 클릭하면 종합 점수와 연관 키워드도 확인할 수 있습니다.

영상에서 사용한 키워드가 검색에 노출된 경우   태그를 아예 사용하지 않는 경우

이렇게 벤치마킹할 영상을 찾아서 어떤 키워드에 노출되고 있는지 확인하면 노출된 키워드를 전략적으로 사용할 수 있습니다. 여기서는 '챗GPT부업', '네이버블로그', '애드센스'로 검색했을 때 영상이 비교적 잘 노출된다는 것을 알 수 있습니다. 이처럼 [Video Tags]는 콘텐츠마다 어떤 태그를 사용하는지 확인하는 역할을 합니다.

❹ 채널 태그로 찾기

[Video Tags] 바로 위에 위치한 [Channel Tags]에는 유튜브 채널의 운영자가 직접 입력한 채널 태그가 모여 있는데, 앞서 살펴본 [Video Tags]와 같은 카테고리의 키워드라는 걸 인지하면 됩니다.
영상이 어떤 채널 태그를 사용하였는지 확인하고, 나의 채널에도 사용할 수 있는 채널 태그가 있다면 적용할 수 있습니다.
▶ 49쪽에서 입력하는 [기본 정보 → 키워드] 항목에 활용하면 됩니다.

하면 된다! } 1초 만에 상위 노출 영상 키워드 발굴하기

영상을 검색할 때 키워드를 최대한 넓은 모수에서 검색하고 점점 좁혀 나가는 전략을 사용하면 다양한 키워드에 접근할 수 있습니다. 그리고 다른 유튜브 영상에서 사용한 키워드를 재검색하면 다른 키워드로도 확장하기 쉬워집니다. 예를 들어 '인테리어 → 인테리어 소품 → 자취방 인테리어' 순서로 검색하면 범위를 손쉽게 좁힐 수 있습니다.

01 태그 몰래 보기 기능 활성화하기

❶ 유튜브 검색 창에 인테리어 소품을 검색합니다. ❷ 영상 검색 목록 오른쪽 상단에 있는 [Enable Inline Keywords]를 활성화하면 영상의 태그를 볼 수 있습니다.

02 벤치마킹할 태그 복사하기

태그가 있는 영상의 태그 위로 마우스를 가져다 대면 클립 모양 아이콘 ⬡이 나타나는데, 이 아이콘을 클릭하면 태그가 복사됩니다.

▶ 현재 비드아이큐에서 다른 쇼츠 영상의 키워드는 제공하지 않으나 롱폼 영상의 키워드는 볼 수 있습니다. 다른 사람들의 키워드를 간단하게 벤치마킹할 수 있어서 효과적입니다.

클릭하면 태그가 복사됩니다.

03 키워드 붙여넣기

관련 영상을 업로드할 때 `Ctrl` + `V`를 눌러 복사한 태그를 붙여 넣습니다.

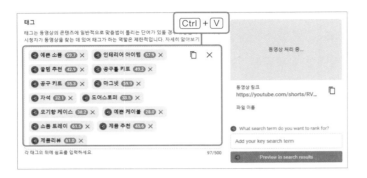

하면 된다! } 종합 점수가 높은 키워드 활용하기

유튜브에서 키워드를 검색하면 화면 오른쪽에 '종합 점수(Overall score)' 항목이 나타납니다. 이 점수는 키워드의 볼륨(조회수)과 경쟁 강도를 추산한 값입니다. 조회수가 높은 키워드의 종합 점수를 참고하면 키워드 사용 여부를 결정하기 좋습니다. 이때 종합 점수가 50점 남짓인 키워드를 사용하는 것을 추천합니다. 볼륨이 너무 작거나 경쟁 강도가 강한 키워드는 종합 점수가 높아도 잘 유입되지 않습니다.

01 벤치마킹할 키워드 검색하기

❶ 유튜브 검색 창에 인테리어 소품을 입력해 검색하고 ❷ 비드아이큐 패널에서 종합 점수를 확인합니다.

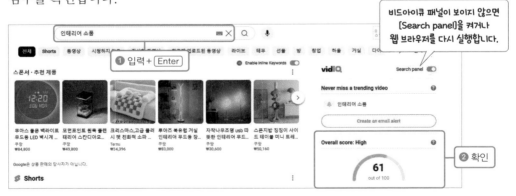

02 관련 키워드 확인하기

[Overall score] 하단에 있는 [Top related opportunities]에서 연관 키워드와 해당 키워드의 종합 점수를 확인할 수 있습니다.

❶ 키워드의 오른쪽에 있는 점 3개 아이콘 ⋮을 누른 다음 ❷ [Open in keyword inspector]를 클릭합니다.

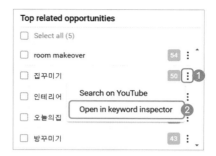

03 키워드 검사기를 통해 다양한 키워드 검색하기

키워드 검사기 기능인 Keyword Inspector 창이 나타나면 키워드를 다양하게 검색해 봅니다. [Related keywords]에서 반셀프인테리어를 클릭하면 '반셀프인테리어'의 종합 점수와 함께 연관 키워드를 추천받을 수 있고, 리모델링을 클릭하면 '리모델링'의 종합 점수와 연관 키워드를 확인할 수 있습니다.

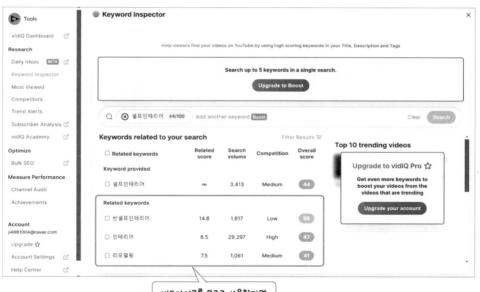

비드아이큐를 무료로 사용한다면 3개까지 추천받을 수 있습니다.

04 비드아이큐에서 키워드 확장하기

① 이번에는 비드아이큐의 키워드 메뉴 페이지(app.vidiq.com/keywords)에 접속합니다. ② 키워드를 검색하면 ③ 종합 점수를 확인할 수 있고 ④ 연관 키워드를 추천받을 수 있습니다. 연관 키워드를 선택하면 또 다시 선택한 키워드를 분석해서 종합점수와 관련 키워드를 제시해 줍니다.

05 인기 급상승 동영상 확인하기

비드아이큐에서 검색한 키워드 하단에 있는 [Top trending videos]에서는 키워드와 관련된 인기 급상승 동영상을 보여 줍니다. 인기 급상승 동영상에서 사용하는 키워드나 섬네일, 제목을 벤치마킹할 수 있습니다.

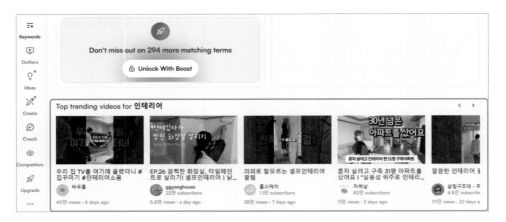

하면 된다! } 벤치마킹 영상의 유입 키워드 활용하기

유튜브에서 태그를 사용하여 동영상을 찾는 기능은 제한되어 있지만 여전히 수많은 유튜버가 태그를 적극 활용하고 있으며 비드아이큐에서는 강력한 키워드 기능을 제공합니다. 비드아이큐로 벤치마킹할 유튜브 영상에 사용된 태그를 추적하면 내 영상의 태그로 활용할 키워드를 손쉽게 얻을 수 있습니다.

01 ❶ 유튜브에서 인테리어를 검색하고 ❷ 벤치마킹할 영상을 클릭해서 들어갑니다.

02 비디오 태그 확인하기

❶ 영상 오른쪽에 나타나는 비드아이큐 패널에서 [Overview] 메뉴를 클릭합니다.

❷ 스크롤을 아래로 내려 [Video Tags]에서 영상에 쓰인 인테리어 관련 키워드 가운데 노출이 잘 되는 키워드를 확인합니다. ❸ 키워드를 내려받으려면 다운로드 아이콘 🔽을 클릭하고 ❹ 복사하려면 레이어 모양 아이콘 🔲을 선택합니다.

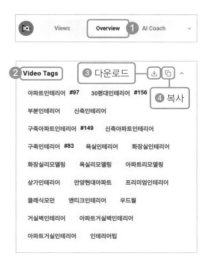

03 ❶ 키워드를 클릭하면 ❷ Keyword Inspector 창이 팝업으로 나타나며, 키워드 점수와 연관 키워드를 모두 확인할 수 있습니다.

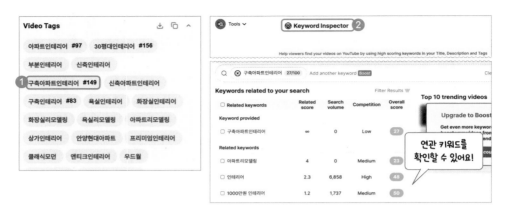

이처럼 벤치마킹할 영상을 찾아서 이 영상이 어떤 키워드에 노출되고 있는지 확인한 후 해당 키워드만 사용하는 것이 이 전략의 핵심입니다. 이렇게 찾은 키워드는 영상의 제목, 설명, 태그 등에 다양하게 활용할 수 있습니다. 태그에는 500자 이내로 키워드를 넣을 수 있습니다.

✏️ **쇠뿔도 단김에!** | **벤치마킹 키워드 정리하기**

벤치마킹 영상에서 얻은 키워드를 다음 표에 정리해 두세요.
내 영상을 올릴 때 태그로 활용하면 시간을 절약할 수 있습니다.

키워드 분류(카테고리)	키워드
인테리어	인테리어, 원룸, 방꾸미기, 리모델링, 셀프리모델링, 셀프인테리어
생활용품	생활용품 추천, 생활용품 아이디어, 생활용품 꿀템

▶ 이지스퍼블리싱 홈페이지의 [자료실]에서 PDF 문서를 내려받을 수 있습니다. 공간이 좁다면 활용해 보세요!

"릴스 조회수가 잘 나와서 쇼츠에도 올렸는데 영 반응이 없더라고요!" 반대로 "유튜브에서는 조회수가 잘 나오는데 인스타그램은 그렇지 않네요!"라는 분도 많습니다. 인스타그램과 유튜브는 서로 다른 기업에서 만든 서비스이기도 하고 **서비스의 본질이 다르므로 알고리즘도 차이가 있습니다.** 비밀을 살짝 말씀드리자면 인스타그램은 '○○에 필요한/활용하는 꿀팁 20가지'와 같은 패턴을 밀어주더라고요.

유튜브 알고리즘의 선택을 받는 키워드는 비드아이큐를 활용해 추출할 수 있었어요. 그렇다면 인스타그램의 알고리즘은 어떻게 공략해야 할까요? 인스타그램은 해시태그를 검색할 수 있는 국내 사이트가 많습니다. 특히 해시태그 랩(labs.mediance.co.kr/influence)이나 썸트렌드(some.co.kr)를 활용하면 해시태그를 확장할 수 있고, 인 태그(in Tags)라는 앱을 사용하면 해시태그를 쉽게 검색할 수 있습니다. 구글에서 검색할 때 '해시태그 검색'이라고만 입력해도 태그파인더(tagsfinder.com) 등 다양한 서비스를 찾을 수 있습니다. 카테고리별로 해시태그를 정리해 놓은 블로그도 있습니다.

태그파인더(tagsfinder.com)

해시태그와 키워드는 성질은 다르지만 블로그 키워드 사이트에서 찾은 키워드를 해시태그로도 많이 사용합니다. 키워드마스터(keywordmaster.net), 블랙키위(blackkiwi.net) 등 다양한 키워드 사이트가 있습니다.

AI를 활용해서
1분 컷 콘텐츠 주제 찾기

▶ 시간을 아끼는 쇼츠 콘텐츠 탐색법 – 챗GPT

주제를 찾을 때 AI를 활용하는 방법은 현대 사회에서 시간을 아낄 수 있는 필수 전략입니다. AI를 사용하면 주제를 더 편리하게 찾을 수 있습니다. 특히 챗GPT는 무료 사용자에게도 상당한 수준의 답변을 제공합니다.

챗GPT 로고

챗GPT 웹 사이트(chatgpt.com)에 접속하고 다음과 같이 질문(프롬프트)을 입력하면 챗GPT는 주제에 어울리는 다양한 콘텐츠를 추천해 줍니다.

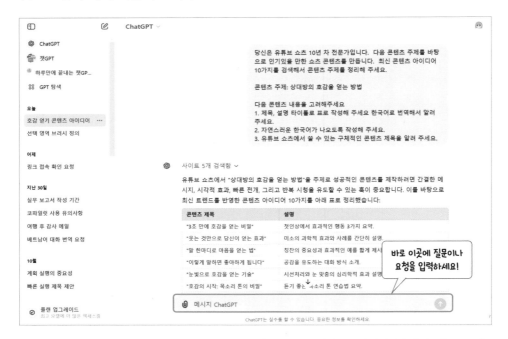

▶ 챗GPT는 회원 가입을 하지 않아도 이용할 수 있지만 채팅 기록을 남기거나 04-2절에서 실습에 필요한 GPT 기능을 사용하려면 회원 가입 후 로그인을 해야 합니다. 유료 구독까지는 하지 않아도 괜찮습니다.

하면 된다! } 챗GPT에게 콘텐츠 내용 요청하기

챗GPT에게 '상대방의 호감을 얻는 방법'을 주제로 콘텐츠를 구성해 달라고 요청해 보겠습니다.

01 챗GPT에 접속한 후 프롬프트에 다음 내용을 입력하고 Enter 를 누릅니다.

> 당신은 유튜브 쇼츠 10년 차 전문가입니다. 다음 콘텐츠 주제를 바탕으로 인기 있을 만한 쇼츠 콘텐츠를 만듭니다. 최신 콘텐츠 아이디어 10가지를 검색해서 콘텐츠 주제를 정리해 주세요.
>
> **그대로 입력하세요!** ▶ 콘텐츠 주제: 상대방의 호감을 얻는 방법
>
> 다음 콘텐츠 내용을 고려해 주세요.
> 1. 제목, 설명 타이틀로 표를 이용해서 작성해 주세요 한국어로 번역해서 알려 주세요.
> 2. 자연스러운 한국어가 나오도록 작성해 주세요.
> 3. 유튜브 쇼츠에서 쓸 수 있는 구체적인 콘텐츠 제목을 알려 주세요.

02 챗GPT가 추천한 콘텐츠 주제 결과를 확인하고 기록합니다. 챗GPT는 완전히 똑같은 답을 제공하지 않기 때문에 책과 다른 내용을 제안할 수도 있습니다.

> 🔹 **챗GPT**
>
> 인기 있는 유튜브 쇼츠 콘텐츠 아이디어 10가지: 상대방의 호감을 얻는 방법
> 유튜브 쇼츠에서 "상대방의 호감을 얻는 방법"을 주제로 인기 있는 콘텐츠를 만들기 위한 아이디어 10가지를 소개합니다.

콘텐츠 제목	설명
호감을 얻는 첫인상 만들기	첫 만남에서 좋은 인상을 주는 법에 대해 설명하는 영상
대화 중 상대방을 끌어들이는 방법	대화에서 상대방의 관심을 끌고 유지하는 기술
칭찬의 힘: 적절한 칭찬으로 호감 얻기	진심 어린 칭찬으로 상대방의 마음을 여는 방법
공감 능력 키우기: 상대방의 이야기를 들어라	상대방의 이야기를 잘 듣고 공감하는 방법을 소개
비언어적 소통의 중요성	눈맞춤, 제스처 등 비언어적 소통 방법으로 호감을 얻는 법

유머 감각 키우기: 적절한 농담으로 분위기 띄우기	대화 중 적절한 유머를 사용하여 긍정적인 분위기를 만드는 법
상대방의 관심사를 파악하는 방법	상대방의 관심사에 대해 알아보고 대화에 활용하는 방법
적극적인 태도로 호감 얻기	적극적인 자세와 태도로 상대방의 호감을 얻는 방법
공통점을 찾고 강조하기	공통의 관심사를 발견하고 이를 바탕으로 관계를 발전시키는 방법
신뢰를 쌓는 작은 행동들	신뢰를 쌓기 위해 일상에서 실천할 수 있는 작은 행동들에 대해 설명

챗GPT와 같은 AI는 요청한 데이터를 처리할 뿐만 아니라, 시청자의 관심사와 행동 패턴을 분석해서 최적의 주제를 추천해 줍니다. 챗GPT가 제공하는 정보를 활용해서 콘텐츠를 제작하면 좀 더 편하고 빠르게 주제를 정할 수 있습니다. 또, AI의 분석 능력과 예측 능력으로 최신 트렌드를 반영한 콘텐츠를 제작할 수도 있으니 AI의 강력한 기능을 활용하여 성공적인 쇼츠 콘텐츠를 제작해 보세요.

? 궁금해요! 수익화하기 좋은 콘텐츠 유형도 따로 있나요?

그럼요. 어떤 콘텐츠도 꾸준히 살리기만 하면 수익화까지 쉽게 도달할 수 있습니다. 그중에서도 다음 4가지 유형은 수익화에 유리하니 한번 도전해 보세요!

❶ **AI로 빠르게 영상을 만들 수 있는 콘텐츠 유형**: 영상을 쉽게 만들 수 있어서 여러 시청자에게 빠르게 보여 줄 수 있는 큰 장점이 있습니다.

❷ **'유튜브 쇼핑'에 연결하기 좋은 콘텐츠 유형**: 영상에서 나오는 제품을 쇼핑몰이나 제휴 파트너스로 연결하기 쉬운 유형입니다. 쇼핑 기능을 연결하기가 좋아 제2의 수익화를 누릴 수 있습니다.

❸ **특정 주제가 정해진 콘텐츠 유형**: 여러 가지 주제를 다루는 '인플루언서'에 기반한 주제도 좋지만, 특정 주제가 정해진 경우 그 콘텐츠가 특색으로 나타나 관심 있는 시청자만 모을 수 있습니다.

❹ **지속적으로 콘텐츠가 나올 수 있는 유형**: 한정된 콘텐츠보다 다양한 콘텐츠로 뽑을 수 있는 콘텐츠가 수익화에 유리합니다.

시청자를 끌어들이는 건 바로 키워드!

▶ 키워드가 그렇게 중요한가요?

유튜브는 많은 사람이 이용하는 세계 최대 비디오 공유 플랫폼입니다. 그런 만큼 하루에도 수없이 많은 다양한 영상이 올라옵니다. 그중에 내 영상이 선택받기란 쉬운 일이 아니죠. 이때 검색량이 많은 키워드를 파악하고 잘 활용하면 사람들이 내 영상을 더 쉽게 발견할 수 있고, 다음 4가지 혜택을 볼 수 있습니다.

① 검색 엔진 최적화(SEO)가 향상된다

유튜브는 알고리즘으로 영상을 추천해 주기도 하지만 주로 검색을 통해서 영상을 보여 줍니다. 따라서 검색 엔진에 최적화된 키워드를 사용하면 검색 효율을 높여서 시청자가 콘텐츠를 더 쉽게 발견할 수 있도록 도와줍니다. ▶ SEO 점수를 올리는 방법은 06-3절에서 자세히 설명합니다.

② 구독, 구입 등 내 팬이 될 전환율이 증가한다

숏폼 콘텐츠가 콘텐츠 자체만으로 시청자에게 추천되기도 하지만, 키워드를 검색해서 내 영상을 발견한 시청자는 구독자로 넘어갈 전환율이 매우 높습니다. 목적을 가지고 키워드를 검색했기 때문에 내 채널을 구독하거나 내 채널에서 소개하는 제품을 살 확률이 더 올라가죠. 특히 쇼츠의 조회수 그래프는 급격히 상승하다가도 어느 순간 멈추는 경우가 많은데, 이때 키워드를 잘 적용해서 유입을 늘리면 그래프가 우상향하는 패턴으로 만들 수 있습니다.

상승하던 조회수가 멈춘 경우

키워드를 활용해서 유입을 꾸준히 늘린 경우

③ 노출 빈도를 늘릴 수 있다

콘텐츠에 알맞은 키워드를 사용하면 유튜브 추천 시스템이 작동하면서 더 자주 노출될 수 있습니다. 유튜브의 알고리즘이 콘텐츠 주제를 인식하면서 콘텐츠의 가시성을 높이고, 결국 더 많은 조회수와 구독자를 얻을 수 있습니다.

④ 알고리즘의 선택을 받기 유리해진다

쇼츠는 주로 [Shorts] 탭에서 무작위로 나타나므로 키워드가 무의미하다고 생각할 수도 있는데요. 키워드를 검색하면 쇼츠 역시 검색 결과에 나타납니다. 그뿐만 아니라 유튜브는 키워드에 따라 우리 채널의 콘텐츠를 파악하므로 [Shorts] 탭에서도 내 콘텐츠와 유사한 콘텐츠를 시청하는 사람들에게 내 콘텐츠를 추천해 줍니다. 이처럼 키워드를 적극 이용할수록 알고리즘의 선택을 받는 게 유리해집니다.

키워드 검색 결과에서 상위 노출된 쇼츠 영상

▶ 키워드에 대한 오해는 풀고 가자!

키워드의 중요성을 아무리 강조해도 키워드를 오해해서 활용하지 않는 분들이 많습니다. 많은 사람들이 잘못 알고 있는 키워드에 대한 오해 3가지를 알아보겠습니다.

❶ 키워드는 찾기 어렵고 그만큼 효용이 없다?

많은 분들이 키워드를 복잡하고 어렵다고 생각합니다. 사실 키워드가 어렵다기보다 키워드를 찾는 방법을 몰라서 어렵다고 느낄 수 있죠. 하지만 03장에서 공부한 대로만 따라 하면 키워드를 찾는 건 이제 크게 어렵지 않을 거예요. 그리고 키워드는 불특정 다수가 내 콘텐츠에 접근할 수 있도록 돕는 통로입니다. 키워드를 이해하고 다루는 방법을 습득하면 앞으로 유튜브를 운영하면서 많은 곳에 활용할 수 있습니다.

❷ 태그는 영상의 키워드를 설명할 때만 쓴다?

유튜브에서 태그는 단순한 보조 도구가 아닙니다. 동영상의 콘텐츠를 효과적으로 설명하고, 검색 가능성을 극대화하며, 더 넓은 시청자에게 도달하는 데 중요한 역할을 합니다. 심지어 비드아이큐에서 찾은 키워드를 태그로 활용하면 동영상의 노출과 검색 순위를 끌어올리는 데 큰 도움이 되는 것으로 분석됩니다.

아울러 태그는 제목이나 설명에서 표현하기 어려운 키워드를 보완할 수 있는 강력한 도구입니다. 맞춤법이 틀린 키워드를 넣어서 오타를 낸 시청자에게까지 영상이 도달하도록 하고, 외국어 키워드나 연관 키워드를 포함해서 더 많은 시청자의 검색 의도를 충족할 수 있습니다. 예를 들어 한국어로 된 제목의 동영상이라면 영어 키워드를 태그에 포함하거나 자주 틀리는 철자나 관련 주제를 태그로 입력할 수도 있습니다.

오타 키워드로 '액셀'을 사용한 경우

오타 키워드와 영문 키워드를 사용한 경우

❸ 키워드를 찾아 주는 프로그램은 결과가 아쉽거나 유료이다?

키워드를 찾아 주는 다양한 해외 사이트가 있습니다. 주로 한국어를 지원하지 않아서 원하는 결과를 얻지 못하기도 하고 유료이기도 합니다. 하지만 무료 기능만 사용해도 꽤 많은 기능을 활용할 수 있는 서비스도 있습니다. 03-3절에서 다뤄 본 비드아이큐처럼요. 우리는 이런 사이트를 사용하여 키워드를 더욱 효과적으로 찾을 수 있습니다.

어떤 콘텐츠를 만들까?
– 채널 & 영상 기획하기

▶   ··· 👍 💬 ➤

쇼츠 영상을 만들 때 중요한 것은 전략적인 콘텐츠 기획과 설계입니다. 어떤 주제로 해야 조회수를 터뜨릴 수 있는지, 시청자를 어떻게 영상에 오래 머물게 할지, 그리고 영상 대본과 구성은 어떻게 준비해야 할지 고민하는 과정이 필요합니다.

이번 장에서는 여러분이 이러한 질문에 답을 찾을 수 있도록 기획 방법을 구체적으로 안내합니다. 조회수를 끌어올리는 콘텐츠 설계부터 시청자들이 영상에 몰입하게 만드는 대본 준비까지 쇼츠 기획을 본격적으로 시작해 보겠습니다. 유튜브 쇼츠로 여러분의 메시지를 더 널리, 더 강렬하게 전달해 보세요!

04-1   내 채널의 방향성 설계하기

04-2   방문자를 오래 머물게 하는 대본 준비하기

🔥 떡상의 비결   잘 공유되는 10가지 주제 & 제목

내 채널의 방향성 설계하기

▶ 쇼츠는 꾸준함이 생명! 오래 가는 콘텐츠 주제 정하기

나에게 맞는 콘텐츠를 찾으려면 자신의 관심사와 강점을 명확히 이해하는 것이 중요합니다. 자신이 열정을 쏟는 주제는 자연스럽게 더 관심을 갖게 되고 결국 더 품질 좋은 콘텐츠로 이어집니다.

내 강점이 드러나는 주제

내가 가진 기술적인 강점이나 주위에서 나를 긍정적으로 평가하는 부분을 유튜브 쇼츠 콘텐츠에 활용하는 것을 추천합니다. 이런 강점은 앞으로 어떤 콘텐츠를 제작해야 할지 명확히 그려 볼 수 있는 기준이 됩니다. 예를 들어 특정 분야에 뛰어난 전문 지식을 갖췄다면 그 분야와 관련된 콘텐츠를 제작하는 것을 추천합니다. 이렇게 한다면 콘텐츠의 질을 높일 수 있을 뿐만 아니라, 아이디어를 끊임없이 제공하여 채널을 꾸준히 운영할 수 있는 원동력이 되기 때문입니다.

한편 내 성격의 강점이나 주위에서 긍정적으로 평가하는 내 성격의 특징을 활용해서 유튜브 채널을 운영하는 것도 효과적입니다. 예를 들어 재치 있는 성격이라면 그 특성을 살려서 유쾌하고 재밌는 콘텐츠를 제작할 수 있고, 계획적인 성격이라면 시간 관리, 기록 등 자신의 꼼꼼한 생활 습관을 보여 주는 콘텐츠를 만들 수 있습니다.

기술적인 강점을 활용해 강의를 올리는 '짤막한 강좌'

계획적인 성격의 강점을 활용한 '희나'

이렇게 내가 가진 강점을 활용해서 콘텐츠를 제작한다면 간과했던 새로운 아이디어나 방향성을 발견하기에도 좋고 채널을 오랫동안 계속해서 운영할 가능성도 높일 수 있습니다.

내가 지속적으로 관심을 갖는 주제

자신이 꾸준히 관심을 갖는 주제에 기반해서 유튜브 쇼츠 채널을 운영하는 방법도 있습니다. 예를 들어 평소 여행에 관심이 있다면 여행지 소개, 여행 팁, 여행하면서 겪는 다양한 에피소드 등 사람들에게 도움을 주는 다양한 지식 콘텐츠나 에피소드 콘텐츠를 만들 수 있습니다.

빠니보틀, 곽튜브 등 여행이 좋아 시작한 유튜브 채널이 현재 구독자 200만 명을 돌파한 경우가 그 예입니다. 이렇게 지속적으로 관심을 기울이는 주제는 콘텐츠를 끊임없이 제작해 나갈 수 있는 힘이 됩니다.

여행지에서 생긴 에피소드를 올리는 '빠니보틀'

자신이 키우는 고양이의 영상을 올리는 '김메주와 고양이들'

이처럼 기술적 강점, 성격적 강점 그리고 지속적인 관심사를 파악해서 나에게 맞는 콘텐츠를 찾아보세요. 이 과정을 마치고 나면 나의 강점을 최대한 활용하면서도 나 자신이 즐겁고 의미 있게 느낄 수 있는 콘텐츠를 만들어 낼 수 있을 것입니다.

나의 가치를 살려서 만든 콘텐츠는 분명 시청자에게도 큰 가치를 제공할 거예요. 내가 진정으로 잘하고, 즐기고, 열정적으로 다룰 수 있는 주제를 설정하면 유튜브 쇼츠 채널을 성공적으로 운영해 나갈 수 있습니다.

쇠뿔도 단김에! | 유튜브 콘셉트에 활용할 나만의 강점과 관심사 정리하기

내 기술적인 강점이나 성격의 강점, 지속적으로 관심 갖는 것을 생각해 보고,
그 강점 또는 관심사를 유튜브에 활용할 수 있는 방안을 적어 보세요.

나의 강점 또는 관심사	유튜브 활용 방안
(기술 강점) 요리하는 것을 좋아한다.	평소 자주 만드는 요리 레시피를 찍어 올린다.
(성격 강점) 여러 가지 다양하게 하는 것을 좋아한다.	다양한 콘텐츠에 도전하는 것이 재밌어서 채널을 여러 개 만들어서 도전해 본다.
(관심사) 평소 여행에 관심이 있다.	여행지 소개, 여행 팁, 여행하면서 겪은 에피소드 등 사람들에게 도움을 주는 다양한 지식 콘텐츠나 에피소드 콘텐츠를 만든다.

▶ 이지스퍼블리싱 홈페이지의 [자료실]에서 PDF 문서를 내려받을 수 있습니다. 공간이 좁다면 활용해 보세요!

'나'에 관해 정리해 보았다면 이제 유튜브 채널을 본격적으로 운영할 수 있도록 청사진을 그려 볼 차례입니다. 유튜브의 목적부터 타깃까지 고민해 보는 시간을 갖겠습니다.

▶ 유튜브를 운영하는 목적 정하기

유튜브는 단순한 영상 플랫폼을 넘어 자신의 메시지를 전하고 가치를 전달할 수 있는 강력한 도구입니다. 그러나 채널을 성공적으로 운영하려면 '유튜브를 운영하는 이유(목적)는 무엇인가?'라는 질문에 답을 명확히 내릴 수 있어야 합니다. 예를 들어 '내가 가지고 있는 육아 지식을 비슷한 고민을 하는 부모들에게 전달하고 싶다'라고 생각한다면, 이 목적이 바로 콘텐츠의 중심 방향이 됩니다. 육아와 관련된 경험과 정보를 공유하며 시청자와 연결하고 그들의 삶에 실제 가치를 더할 수 있습니다.

유튜브를 운영하는 목적이 뚜렷하면 무엇보다 지속적으로 운영하는 데 중요한 역할을 합니다. 분명한 이유와 목표가 있어야 어려운 순간에도 동기를 잃지 않고 콘텐츠를 꾸준히 제작할 수 있습니다. 여러분의 채널은 어떤 가치를 제공할 수 있을까요? 사람들에게 어떤 도움을 주고 싶나요? 목적이 명확할수록 콘텐츠는 더 선명해지고 시청자와 더욱 강력하게 연결되며, 그 결과 채널도 포기하지 않고 꾸준히 운영할 수 있습니다. 유튜브 채널의 성공은 분명한 목적에서 시작한다는 것, 잊지 마세요.

✏️ **쇠뿔도 단김에!** | **유튜브를 운영하는 목적 작성하기**

운영하는 목적을 결정하고, 이와 관련된 콘텐츠를 적어 보세요.

유튜브 운영 목적	관련 콘텐츠
육아 지식을 전달하고 도움을 주는 사람이 되고 싶다	육아 지식 콘텐츠

▶ 이지스퍼블리싱 홈페이지의 [자료실]에서 PDF 문서를 내려받을 수 있습니다. 공간이 좁다면 활용해 보세요!

▶ 타깃을 명확하게 하자! 유튜브 브랜딩

채널을 성장시키고 브랜딩을 강화하려면 '누구를 위해 콘텐츠를 제작할 것인가?'를 분명히 정해야 합니다. 타깃을 설정하지 않으면 콘텐츠 방향이 흐려지고 시청자와 연결하는 것도 어려워집니다. 성공하는 채널은 타깃의 니즈를 기반으로 세워지기 때문입니다.

내 유튜브를 시청할 타깃을 작성해 보세요. 내 콘텐츠는 누구에게 필요할까요? 예를 들어 육아 팁을 제공한다면 타깃은 육아 경험이 없는 20~30대 초보 부모나 육아로 고민이 많은 사람일 것입니다. 타깃의 연령대, 관심사, 생활 패턴 등을 세세하게 정의하는 것이 중요합니다. 그리고 유튜브 채널의 타깃을 정한 뒤에는 그들의 관심사와 문제점을 파악해야 합니다. 타깃이 무엇에 관심을 가지고 있으며 어떤 문제를 해결하고 싶어 하는지 고민해 보세요.

타깃의 관심사를 찾는 가장 쉬운 방법은 이미 존재하는 데이터를 활용하는 것입니다. 유튜브, 인스타그램, 네이버 카페와 같은 플랫폼에서 내 채널과 비슷한 주제를 다루는 크리에이터나 큐레이션 정보를 찾아보세요. 그곳에 올라오는 질문, 댓글, 또는 조회수가 높은 콘텐츠를 분석하면 타깃의 관심사와 고민을 파악하는 데 큰 도움이 됩니다.

콘텐츠를 참고할 만한 사이트 예시 '퍼블리'

유사한 주제를 다루는 유튜버 예시 '신사고찰'

이제 앞서 찾은 타깃의 관심사와 고민을 반영해서 제작할 콘텐츠 주제를 떠올려 보세요. 예를 들어 타깃이 취업 준비생이라면 '면접에서 합격하는 비결 5가지'처럼 시청자에게 필요한 주제를 선택할 수 있겠죠. 나의 강점과 전문성을 바탕으로 시청자들에게 어떤 가치를 전달할 수 있을지 생각하고 타깃의 니즈와 채널의 방향성을 연결하는 콘텐츠 아이디어를 떠올리면 됩니다. 나만의 차별화된 콘텐츠 계획을 완성할 수 있습니다.

▶ 벤치마킹할 유튜브 선별하기

내가 기획하는 주제와 유사하거나 성공 요소를 벤치마킹할 만한 채널을 미리 선별해 두면 콘텐츠 제작 과정에서 방향을 잡거나 채널을 성장시키는 데 필요한 아이디어를 빠르게 얻을 수 있습니다. 또, 유튜브 주제를 변경하거나 새로운 콘텐츠를 시도할 때에도 벤치마킹한 채널을 든든한 참고 자료로 활용할 수 있습니다. 강점과 보완할 점을 파악하며 내 채널만의 차별점을 만들어 보세요.

벤치마킹할 유튜브 채널을 선별해서 계정의 특징을 정리해 보세요.
그리고 벤치마킹한 유튜브 채널을 참고하여 내가 제작할 콘텐츠를 구체적으로 고민해 보세요.

분야	계정 아이디	계정 특징	콘텐츠 아이디어
인테리어		• 채널 고유의 인사와 색감이 있고, 시청자와의 소통이 활발하다. • '원룸' 인테리어 꿀팁을 제공한다.	• 내 채널만의 인사를 만든다. • 아기자기한 소품 활용법을 추가해 소개한다.

▶ 이지스퍼블리싱 홈페이지의 [자료실]에서 PDF 문서를 내려받을 수 있습니다. 공간이 좁다면 활용해 보세요!

이처럼 잘나가는 채널의 타깃을 분석하고 벤치마킹해 두면 내 콘텐츠의 방향을 명확히 설정하는 데 도움을 얻을 수 있습니다. **시청자의 관심사와 고민을 이해하면** 그들의 니즈에 딱 맞는 콘텐츠를 기획할 수 있고, **벤치마킹 채널에서 배운 점을 활용하면** 나의 부족한 부분을 보완하고 강점을 더욱 강화할 수 있으니까요.

이 두 과정을 결합하면 단순히 콘텐츠를 제작하는 것을 넘어 타깃에게 사랑받는 채널로 성장할 수 있는 기반을 다질 수 있습니다. 나만의 독창적인 아이디어를 더해 변화를 시작해 보세요. 이것이 바로 유튜브에서 성공으로 가는 첫걸음입니다.

방문자를 오래 머물게 하는 대본 준비하기

▶ 기반을 탄탄하게! 스토리보드 작성하기

아이디어를 확정하면 스토리보드(storyboard)를 작성합니다. 스토리보드는 영상의 흐름을 시각적으로 계획하는 도구입니다. 장면마다 어떤 내용을 담을지, 또 어떤 순서로 진행할지 그림이나 표, 간단한 설명으로 적어 보세요. 스토리보드는 촬영 과정에서 필요한 장면을 정확히 파악하고 영상을 일관성 있게 제작하는 데 큰 도움을 줍니다.

스토리보드 · 간단한 팬케이크 만들기

1) 도입(0~2초)
장면: 주방에서 인사하기
음성/자막: "오늘은 간단한 팬케이크를 만들어 볼게요!"

2) 재료 소개하기(3~5초)
장면: 테이블에 놓인 재료들(밀가루, 달걀, 우유, 설탕, 베이킹파우더).
음성/자막: "재료: 밀가루, 달걀, 우유, 설탕, 베이킹파우더"

3) 반죽 만들기(6~8초)
장면: 큰 볼에 밀가루, 설탕, 베이킹파우더를 넣는 장면
음성/자막: "밀가루, 설탕, 베이킹파우더를 섞어 주세요."

4) 달걀, 우유 추가하기(9~11초)
장면: 다른 볼에 계란과 우유를 섞는 장면
음성/자막: "계란과 우유를 섞어 주세요."

5) 반죽 섞기(12~14초)
장면: 계란과 우유 혼합물을 밀가루 혼합물에 넣고 섞는 장면
음성/자막: "모든 재료를 함께 섞어 주세요."

6) 팬에 굽기(15~17초)
장면: 팬에 반죽을 붓고 팬케이크를 굽는 장면

음성/자막: "반죽을 팬에 부어서 구워 주세요."

7) 팬케이크 뒤집기(18~19초)
장면: 팬케이크를 뒤집는 장면
음성/자막: "한쪽이 익으면 뒤집어 주세요."

8) 팬케이크 완성(20~22초)
장면: 완성한 팬케이크를 접시에 놓는 장면
음성/자막: "완성! 맛있게 드세요!"

이 스토리보드를 표로 정리하면 한눈에 알아보기 쉽습니다.

번호	장면 설명	음성/자막	시간(초)
1	주방에서 인사하기	오늘은 간단한 팬케이크를 만들어 볼게요!	0~2
2	재료 소개하기	재료: 밀가루, 달걀, 우유, 설탕, 베이킹파우더	3~5
3	반죽 만들기	밀가루, 설탕, 베이킹파우더를 섞어 주세요.	6~8
4	달걀, 우유 추가하기	달걀과 우유를 섞어 주세요.	9~11
5	반죽 섞기	모든 재료를 함께 섞어 주세요.	12~14
6	팬에 굽기	반죽을 팬에 부어서 구워 주세요	15~17
7	팬케이크 뒤집기	한쪽이 익으면 뒤집어 주세요.	18~19
8	팬케이크 완성	완성! 맛있게 드세요!	20~22

? 궁금해요! 표 말고 다른 방법으로 스토리보드를 만들어도 되나요?

스토리보드를 표로 시각화한 이유는 세세하게 나눠 촬영하고 편집하기 위해서입니다. 꼭 표로 정리할
필요는 없어요. 영화 스토리보드를 짤 때처럼 손그림이나 도형 인포그래픽 등 자신이 알아보기 쉬운 방
법으로 표현해 두면 됩니다.

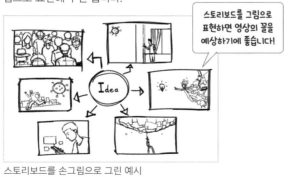

스토리보드를 그림으로
표현하면 영상의 꼴을
예상하기에 좋습니다!

스토리보드를 손그림으로 그린 예시

▶ 이탈을 막는 대본 작성하기

작성해 둔 스토리보드를 바탕으로 대본을 작성합니다. 대본에는 장면마다 필요한 대사나 행동을 상세히 적습니다. 대본을 작성해 두면 각 장면의 목적과 내용을 명확히 파악할 수 있습니다. 쇼츠는 최장 3분의 짧은 영상이므로 정해진 시간 이내로 만들 수 있도록 대본을 작성해야 합니다. 소요 시간을 가늠하기 어렵다면 자연스럽게 대본을 읽으며 연습해 보는 것이 좋습니다.

대본 · 간단한 팬케이크 만들기

> 쇼츠 영상은 최대 3분까지 가능하지만 30초 내외일 때 이탈률이 가장 적습니다.

도입(0~2초)
(주방에서 인사하며 시작)
안녕하세요! 오늘은 간단한 팬케이크를 만들어 볼게요!

재료 소개하기(3~5초)
(테이블에 놓인 재료들을 보여 주며)
필요한 재료는 밀가루, 달걀, 우유, 설탕, 베이킹파우더예요.

반죽 만들기(6~8초)
(큰 볼에 밀가루, 설탕, 베이킹파우더를 넣으며)
먼저 큰 볼에 밀가루, 설탕, 그리고 베이킹파우더를 넣어 주세요.

달걀과 우유 추가하기(9~11초)
(다른 볼에 달걀과 우유를 섞으며)
다른 볼에 달걀과 우유를 섞어 줄게요.

반죽 섞기(12~14초)
(계란과 우유 혼합물을 밀가루 혼합물에 넣으며)
이제 계란과 우유 혼합물을 밀가루 혼합물에 넣고 잘 섞어 주세요.

팬에 굽기(15~17초)
(팬에 반죽을 붓고 굽는 장면)
반죽을 예열된 팬에 부어 주세요.

팬케이크 뒤집기(18~19초)
(팬케이크를 뒤집으며)
한쪽이 익으면 뒤집어 주세요.

팬케이크 완성(20~22초)
(완성된 팬케이크를 접시에 놓으며)
완성! 맛있게 드세요!

▶ 음성을 넣고 싶지 않아도 일단 대본을 작성해서 음성으로 자막을 추출한 후에 음성은 삭제하세요. 이렇게 하면 영상 자막을 편리하게 만들 수 있습니다.

하면 된다! } 챗GPT로 벤치마킹할 영상 참고하여 대본 작성하기

03-4절에서 AI로 쇼츠 주제를 찾던 것처럼 대본을 작성할 때도 AI를 활용할 수 있습니다. 벤치마킹할 영상의 대본을 추출한 다음, 이를 참고해서 내 영상에 사용할 대본을 작성해 보겠습니다. 챗GPT에서는 GPT라는 챗봇 서비스를 사용할 수 있는데 그중에서 **복스스크립트**(Voxscript)를 활용해 보겠습니다. 복스스크립트는 챗GPT가 유튜브를 빠르게 검색하고 요약할 수 있도록 돕는 챗봇으로, 유튜브 영상의 링크를 입력하면 대본을 불러와 인식할 수 있습니다.

복스스크립트
로고

▶ 챗GPT에 입력하는 스크립트는 이지스퍼블리싱 [자료실]에서 내려받아 활용할 수 있습니다.

01 복스스크립트 시작하기

❶ 챗GPT의 GPTs 페이지(chatgpt.com/gpts)에 접속한 후 검색 창에 Voxscript를 입력합니다. ❷ 작성자가 Allwire Technologies, LLC인 GPT를 선택하고 ❸ [채팅 시작]을 클릭합니다.

02 챗GPT에게 유튜브 콘텐츠 템플릿과 인기 요인 분석 요청하기

콘텐츠 템플릿이란 영상에서 자주 사용하는 섬네일, 제목, 영상 길이 등의 패턴을 말합니다. 내 콘텐츠를 만들 때 유용하게 활용할 수 있습니다. 챗GPT에게 명령어(프롬프트)를 입력합니다. '신뢰하는 사이트만 허용합니다.' 경고 문구가 나타나면 [허용하기]를 클릭해서 대화를 진행하면 됩니다.

▶ 챗GPT는 자막이 들어간 영상만 분석할 수 있습니다. 예시 링크에는 자막이 있는 영상의 URL을 입력하세요.

다음 예시는 유튜브 100만 조회수 콘텐츠 예시입니다.
템플릿과 인기 요인을 분석해 주세요. 자연스러운 한국어로 작성해 주세요.

▶ 예시 링크

벤치마킹하고 싶은 인기 있는 유튜브 영상 링크 붙여넣기

https://www.youtube.com/shorts/He4tYCOrC-U

**복스
스크립트**

유튜브 100만 조회수 콘텐츠 템플릿과 인기 요인 분석

템플릿 분석
1. **제목:** 제목은 "최소 100만원이라는 초고가 베어브릭ㄷㄷ"으로, 고가의 아이템을 강조하여 시청자의 호기심을 자극합니다.
2. **썸네일:** 썸네일은 일반적으로 눈에 띄는 그래픽과 고가 아이템을 강조하는 이미지를 사용하여 클릭률을 높입니다.
3. **영상 길이:** 41초로, 짧고 간결하여 시청자가 끝까지 보게 만듭니다.

(… 중략 …)

인기 요인 분석
1. **짧은 길이:** 짧은 길이의 영상은 시청자들이 부담 없이 볼 수 있어 조회수가 높아질 가능성이 큽니다.
2. **호기심 유발:** "최소 100만원", "초고가"와 같은 키워드가 호기심을 유발하여 클릭을 유도합니다.

(… 중략 …)

03 이어서 콘텐츠 대본을 추출합니다. 이때 대본이 있는 콘텐츠여야 해당 콘텐츠의 스크립트 패턴을 분석할 수 있습니다. 복스스크립트에 다음 내용을 입력해 보겠습니다.

다음 예시는 유튜브 100만 조회수 콘텐츠 예시입니다.
한국어 대본을 추출해 주세요.

▶ 예시 링크

벤치마킹하고 싶은 인기 있는
유튜브 영상 링크 붙여넣기

https://www.youtube.com/shorts/He4tYCOrC-U

**복스
스크립트**

한국어 대본 추출
뼈 묻은 공장 직원에 실력에 모두가 감탄했다
반죽을 만들어 그대로 붙는 남성
식지 않게 속도가 생명이라는
부침개 뒤집듯 미친듯이 뒤집어 버린다
놀랍게도 뒤집는 순서가 다 있다고 하는데
[음악]
그렇게 나온 조그마한 베어브릭
요즘 인기라 가격 뻥튀기가 가능하다고 하는데
하루에 300개씩 만든다고 하네요

▶ 물론 챗GPT의 대답을 그대로 사용하지 않고 내 콘텐츠를 만드는 데 벤치마킹하는 용도로만 사용해야 합니다. 나만의 스크립트를 새롭게 창작하세요.

04 벤치마킹한 콘텐츠를 활용하여 쇼츠 대본 작성하기

앞서 벤치마킹한 유튜브 영상의 템플릿 인기 요인을 활용할 경우 다음처럼 프롬프트를 입력합니다.

유튜브 쇼츠 콘텐츠 아래 영상 주제와 인기 있는 영상 링크의 인기 요인을 분석하여 60초 이내의 유튜브 쇼츠 대본을 자연스러운 한국어로 작성해 주세요.

내가 만들고자 하는 컨텐츠 주제

▶ 영상 주제
사람들의 마음을 사로잡는 3가지 대화 기술

벤치마킹하고 싶은 인기 있는 유튜브 영상 링크 붙여넣기

▶ 인기 있는 영상 링크
https://www.youtube.com/watch?v=xl9ZgaC4zEI

복스 스크립트

유튜브 쇼츠 대본:
안녕하세요! 오늘은 사람들의 마음을 사로잡는 3가지 대화의 기술에 대해 이야기해 볼게요.

첫 번째, 인사의 한마디를 덧붙이세요. "안녕하세요"에 "오늘 날씨가 참 좋네요" 같은 말을 더하면 상대방에게 좋은 인상을 줄 수 있어요.

두 번째, 상대방에게 관심을 보여주세요. 상대방의 관심사를 언급하며 대화를 시작하면 상대도 기쁘게 이야기를 이어갈 거예요.

세 번째, 칭찬을 아끼지 마세요. "정말 대단하세요, 어떻게 그 일을 해내셨죠?" 같은 칭찬은 상대방에게 큰 힘이 됩니다.

이 세 가지 대화 기술을 활용하면 누구와도 쉽게 소통할 수 있을 거예요! 다음에도 유익한 팁으로 찾아올게요!

이렇게 간단하게 조회수가 터진 유튜브 콘텐츠의 템플릿과 인기 요인을 분석해 보았습니다. 음성이나 대본이 있는 영상의 링크만 알아도 인기 요인을 손쉽게 분석할 수 있다니 정말 신기하죠? AI로 분석한 콘텐츠를 참고하여 나만의 콘텐츠를 만들면 유튜브에 좀 더 빠르게 진입할 수 있습니다.

하면 된다! } 머릿속 주제로 대본 작성하기

만약 벤치마킹할 영상을 찾을 수 없다면 챗GPT의 도움을 받아 콘텐츠 아이디어를 얻을 수 있습니다.

01 챗GPT에게 유튜브 쇼츠 전문가 역할과 주제를 제시한 후, 이 주제를 활용한 콘텐츠 아이디어를 달라고 요청해 보겠습니다.

> 당신은 유튜브 쇼츠 전문가입니다. 다음 콘텐츠 주제를 바탕으로 유튜브 쇼츠 콘텐츠를 만듭니다. 콘텐츠 아이디어 5가지를 최신 정보를 검색해서 콘텐츠 주제를 알려 주세요.
>
> ▶ 콘텐츠 주제: 건강하고 맛있는 간편 요리법 ── 내가 만들고자 하는 콘텐츠 주제
>
> 다음 콘텐츠 내용을 고려해 주세요.
> 1. 제목, 설명 타이틀로 표를 작성해 주세요 한국어로 번역해서 알려 주세요.
> 2. 자연스러운 한국어가 나오도록 작성해 주세요.
> 3. 유튜브 쇼츠에 쓸 수 있는 구체적인 콘텐츠 제목을 알려 주세요.

> 🟢 챗GPT
>
> **콘텐츠 주제: "건강하고 맛있는 간편 요리법"**
>
> **콘텐츠 아이디어 1: 건강한 샐러드 레시피**
> **제목:** "10분 만에 만드는 건강한 샐러드 레시피!"
> **설명 타이틀:** "바쁜 아침에도 간편하게 준비할 수 있는 샐러드 레시피를 소개합니다."
> **구체적인 콘텐츠 제목:** "초간단 10분 샐러드 만들기! #건강한식단 #다이어트"
>
> **콘텐츠 아이디어 2: 집에서 만드는 초간단 다이어트 스무디**
> **제목:** "3분 만에 만드는 다이어트 스무디!"
> **설명 타이틀:** "다이어트 중에도 맛있게 즐길 수 있는 스무디 레시피를 소개합니다."
> **구체적인 콘텐츠 제목:** "초간단 3분 스무디 레시피 #다이어트 #스무디"
>
> (… 중략 …)
>
> 이 콘텐츠 아이디어들은 최신 건강 트렌드를 반영하며, 간편하고 맛있는 요리법을 제공함으로써 많은 시청자들의 관심을 끌 수 있습니다 (네이버 블로그) (아이디어 스프라우트) (Jeil Magazine) (yaniione 님의 블로그) (추천 : 네이버 블로그).

02 콘텐츠 템플릿과 인기 요인을 직접 입력하여 쇼츠 대본을 작성해 보겠습니다. 챗 GPT가 가상의 콘텐츠 템플릿과 인기 요인을 고려하여 쇼츠 대본을 정말 자연스럽게 작성해 줍니다.

> **이대로 입력하세요!**

유튜브 쇼츠 아래 영상 주제에 맞게 콘텐츠 템플릿과 인기 요인을 고려하여 유튜브 쇼츠 대본을 작성해 주세요.

▶ 영상 주제: 사람들의 마음을 끄는 3가지 대화 기술

다음 콘텐츠 템플릿을 고려해 주세요.
1. 오프닝
주의를 끄는 요소: 시청자의 주의를 즉시 끌 수 있는 시각적으로 매력적인 이미지나 흥미로운 진술로 시작합니다.
공감할 수 있는 시나리오 또는 질문: 시청자의 관심사나 고통 포인트에 직접 호소하는 공감할 수 있는 질문이나 시나리오를 제시합니다.
2. 메인 콘텐츠
정보 또는 오락 부분: 유머, 스토리텔링, 사실 또는 감정에 호소하는 핵심 메시지 또는 이야기를 흥미롭게 제시합니다.
브랜드 개성 표현: 콘텐츠가 독특하고 기억에 남는 방식으로 자신의 고유한 브랜드 목소리 또는 개성을 반영합니다.
3. 클로징
행동 촉구(CTA): 팔로우, 공유, 댓글 등 특정 시청자의 행동을 장려합니다. (예) "공감하면 좋아요!" 또는 "더 많은 팁을 원하면 팔로우하세요!"
참여 유도: 시청자가 참여하도록 유도하는 요소를 포함합니다.

> ◐ CTA(call to action)란 잠재 고객이 행동하도록 독려하는 단어나 문구를 뜻합니다. 04장 〈떡상의 비결〉을 참고하세요.

다음 인기 요인을 고려해 주세요.
1. 콘텐츠의 관련성: 콘텐츠가 대상 청중과 깊게 공감하며, 많은 사람들이 공유하는 관심사나 경험을 다룰 수 있습니다.
2. 감정적 참여: 비디오는 유머, 공감, 영감, 공감각을 불러일으키며 시청자가 콘텐츠와 상호작용하고 공유하도록 장려할 수 있습니다.
3. 시각적 매력: 그래픽, 색상, 시각 효과 등 미적 품질이 매우 뛰어나며 시청자의 주의를 즉시 끌 수 있습니다.
4. 해시태그와 설명의 효과적 사용: 해시태그와 매력적인 설명을 전략적으로 사용하여 발견 가능성을 높이고 더 넓은 청중을 끌어들일 수 있습니다.
5. 시기와 트렌드: 최적의 시간에 게시하고 현재 트렌드나 바이럴 토픽과 콘텐츠를 맞추면 가시성을 크게 높일 수 있습니다.
6. 참여 유도 요소: 질문, 행동 촉구, 상호작용 기능 등과 같은 요소를 포함하여 시청자가 '좋아요', '댓글' 또는 '공유'를 통해 참여하도록 유도할 수 있습니다.

> ◐ 바이럴 토픽이란 바이럴 마케팅에서 사용할 만한 재료나 소재를 말하며, 잠재 고객 사이에 소문이나 여론을 조장하여 상품 정보가 끊임없이 전파되도록 유도합니다.

챗GPT 유튜브 쇼츠 콘텐츠 대본

제목
사람들의 마음을 사로잡는 3가지 대화의 기술
대본
(배경음악 시작)

> 05-4절에서는 이 답변을 복사해 사용할 거예요!

(오프닝)
(장면 전환: 활기찬 배경에서 등장하는 인물)
"여러분, 대화할 때 사람의 마음을 단번에 사로잡고 싶으신가요? 누구나 대화의 달인이 될 수 있는 3가지 비법을 공개합니다!"

(… 중략 …)

(장면 전환: 행동 촉구)
"이 영상이 유익하셨다면, 좋아요와 팔로우 부탁드려요! 더 많은 꿀팁을 원하시면 알림 설정도 잊지 마세요!"

(배경음악 종료)

#shorts #쇼츠 #대화의기술 #인간관계 #소통의비법

03 영상 제목과 키워드 추출하기

챗GPT로 콘텐츠 대본을 만들었다면 이제 제목과 키워드, 섬네일 카피를 만들 차례입니다. 챗GPT에 다음 스크립트를 그대로 입력해서 답변을 얻어 보세요.

> 위 영상 대본을 바탕으로
> 1. 설득력 있는 영상 제목
> 2. 많이 검색하는 키워드(해시태그) 5가지
> 3. 섬네일에 들어가면 좋은 사진 아이디어와 설득력 있는 카피를 자연
>   스러운 한국어로 작성해 주세요.

챗GPT 설득력 있는 영상 제목
"사람들의 마음을 사로잡는 3가지 대화 기술!"

많이 검색하는 키워드(해시태그) 5가지
- #대화의 기술
- #소통비법
- #커뮤니케이션

- #인간관계
- #대화팁

섬네일에 들어가면 좋은 사진 아이디어와 설득력 있는 카피
사진 아이디어:
1. 밝고 활기찬 표정의 인물이 대화하는 장면:
- 한 사람이 열정적으로 이야기하고, 다른 사람이 귀를 기울이는 모습
- 인물들이 웃으며 대화하는 순간을 캡처

(… 중략 …)

설득력 있는 카피:
- "대화의 달인이 되는 법!"
- "이 3가지 기술로 마음을 사로잡으세요!"
- "대화 비법, 지금 공개!"
- "소통의 비밀, 당신도 할 수 있어요!"

? 궁금해요! 모든 내용을 한 번에 요약해 주는 도구는 없나요?

구글에서 제공하는 **노트북LM**(notebooklm.google)을 활용하면 참고할 만한 영상을 더 효율적으로 분석하고 요약할 수 있습니다. 노트북LM은 구글의 제미나이(Gemini) 2.0 모델을 기반으로 한 AI 도구로, 사용자가 업로드한 문서나 PDF, 링크, 슬라이드, 구글 문서 등을 자동으로 분석하고 요약합니다.
유튜브 영상 자막을 기반으로 요약 정리도 곧잘 해주는데요. 링크만 입력해도 요약부터 출처 기반 정보, 시리즈 기획까지 자동으로 도와줍니다. 쇼츠 대본을 만들 때 정보를 수집하거나 벤치마킹하는 데 유용하게 활용할 수 있습니다.

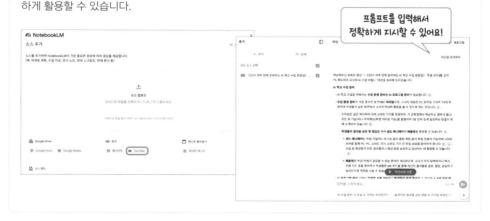

프롬프트를 입력해서 정확하게 지시할 수 있어요!

이렇게 정리한 대본을 바탕으로 쇼츠 영상을 제작하면 됩니다. 05장에서는 영상 콘텐츠를 제작하는 2가지 방법을 실습해 볼 텐데요. 첫 번째는 영상을 직접 촬영하고 편집하는 방법이고, 두 번째는 02-1절에서 설치한 브루를 사용하는 방법입니다.

잘 공유되는 10가지 주제 & 제목

쇼츠는 시청자에게 필요한 정보나 도파민을 분출시키는 재미를 제공해 영상을 끝까지 볼 수 있도록 만드는 것이 핵심입니다. 쇼츠가 도입된 이후 꾸준히 사랑받는 주제와 제목에는 어떤 특징이 있는지 살펴보겠습니다.

▶ 잘 공유되는 10가지 주제

쇼츠의 최대 강점은 짧은 영상의 형식 덕분에 빠른 시간 안에 많은 사람에게 도달해서 크게 영향을 미칠 수 있다는 것입니다. 하지만 숏폼 형식의 모든 영상이 높은 조회수를 기록하는 것은 아니에요. 잘 공유되는 영상 주제 10가지를 살펴보며 어떤 종류의 콘텐츠를 만들지 고민해 보세요.

① 챌린지 & 밈 콘텐츠

트렌디한 챌린지나 밈은 쇼츠에서 빠르게 확산됩니다. 사람들은 유행하는 콘텐츠에 참여하고 싶어 합니다. 동일한 챌린지라도 각자 개성을 살린 영상이라면 계속해서 공유됩니다. 게다가 알고리즘은 챌린지 영상 시청자들에게 계속해서 비슷한 챌린지 콘텐츠를 추천해 주는 경우가 많습니다. 예 마라탕후루 챌린지

잘 공유되는 주제 1순위라 해도 과언이 아니에요!

❷ 꿀팁 & 정보 콘텐츠

일상생활에 도움을 주는 간단한 팁이나 정보가 담긴 콘텐츠는 많은 사람이 공유하거나 저장하고 싶어 하는 주제입니다. 사람들은 문제를 대신 해결해 주어 자신의 시간을 아낄 수 있는 정보를 찾기 때문에 이런 콘텐츠를 많이 공유합니다.

⑩ 100만 원 아끼는 생활 꿀팁 5가지

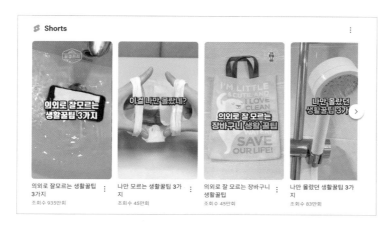

❸ 건강 & 다이어트 콘텐츠

짧은 건강 팁이나 운동 루틴, 다이어트 팁은 많은 사람이 관심을 갖는 콘텐츠입니다. 특히 바쁜 일상 속에서 실천할 만한 짧은 건강 팁은 잘 공유되는 주제입니다.

⑩ 아침에 절대 먹으면 안 되는 음식 5가지

④ 요리 관련 콘텐츠

음식을 만드는 과정이나 요리 팁은 사람들에게 눈길을 끌기 마련입니다. 특히 K푸드가 사랑받는 요즘 외국에서도 한국 음식 요리 과정을 무척 궁금해합니다. 짧고 간단한 레시피 영상은 시청자에게 실용적이면서 유용해서 잘 공유되는 콘텐츠입니다.

예) 정말 미쳤습니다! 1분 레시피 꼭 드세요!

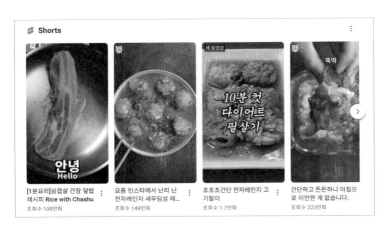

⑤ 연예 & 이슈 관련 콘텐츠

연예와 이슈 관련 콘텐츠는 대중에게 관심과 호기심을 즉각 불러일으킵니다. 특히 연예인의 이름이 들어간다면 그 연예인의 인지도를 나의 콘텐츠에 가져올 수 있습니다. 연예인의 패션, 활동, 핫한 이슈는 사람들의 호기심을 자극합니다. 특히 이런 주제는 빠르게 소비되고 공유되므로 숏폼과 정말 잘 맞습니다.

예) 방금 올라온 ○○○의 인스타 사진, 팬들이 난리난 이유

> 저작권이나 초상권 문제를 반드시 고려해야 합니다.

❻ 영화·드라마 리뷰 & 요약 콘텐츠

영화나 드라마의 주요 장면을 요약하거나 리뷰하는 콘텐츠는 시청자의 호기심을 자극하고 드라마를 본 사람과 아직 보지 않은 사람 모두에게 흥미를 줄 수 있습니다. 특히 공감되는 짧은 대사는 더더욱 그렇죠. 단, 영상을 그대로 사용할 경우 채널의 수익 창출이 되지 않는다는 것과, 저작권에 문제가 있는지 반드시 확인해야 한다는 점을 주의해야 합니다.

예 이 대사는 평생 잊지 못할 겁니다 — ○○○ 명대사 모음

짧고 임팩트 있는 대사나 스토리가 담긴 영상은 잘 공유되는 편입니다!

❼ 전후 비교 콘텐츠

명확한 변화를 보여 주는 비포/애프터(before/after) 비교 콘텐츠는 시청자에게 시각적인 흥미를 유발합니다. 다이어트나 메이크업, 인테리어 등을 주제로 다룰 때 효과적으로 사용할 수 있습니다.

예 초고도비만 -30키로 감량 비포/애프터

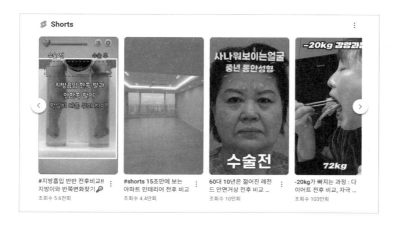

❽ 시청자에게 행동을 유도하는 콘텐츠

콘텐츠를 단순하게 시청하는 것에 그치지 않고 직접 행동하도록 유도하는 CTA(call to action) 콘텐츠는 시청자가 참여하여 그 경험을 주변과 공유하고 싶게 만듭니다. 예를 들어 '이런 쓸 데 없는 내용을 다룬 콘텐츠가 어떻게 조회수 100만이 되는지 궁금합니다' 또는 '100만이 되면 다른 콘텐츠를 제작하겠습니다'처럼 보상으로 시청자의 행동을 유도해 조회수를 올릴 수도 있습니다. 또 다른 콘텐츠로 '이 테스트, 10초 안에 통과할 수 있나요?', '이 도전, 5초 만에 할 수 있을까요?' 등은 시청자가 실제로 행동하도록 이끌어서 참여도와 공유량을 높입니다.

❾ 스토리 콘텐츠(미스터리 & 음모론, 경험담)

스토리를 기반으로 하는 콘텐츠는 시청자를 몰입하게 만드는 특성이 있습니다. 미스터리, 음모론, 경험담 같은 주제는 집중하지 않아도 스토리의 핵심을 빠르게 이해할 수 있고, 흥미진진한 내용으로 짧은 시간 안에 전달할 수 있어서 숏폼과 잘 어울립니다.

예 범인은 누구일까? 50년째 풀리지 않는 미스터리 실화

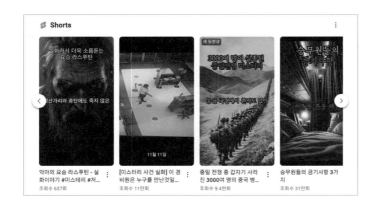

❿ 레드오션 콘텐츠

잘 공유되는 콘텐츠의 마지막 특징은 바로 레드오션이라는 것입니다. 레드오션(red ocean)이란 이미 경쟁이 치열한 시장이나 산업을 뜻하는 경제 용어입니다. 그만큼 수요가 많다는 것을 의미하죠. 따라서 레드오션 콘텐츠는 쉽게 공유될 수 있습니다. 이미 조회수가 많고 공유를 많이 한 주제는 내 콘텐츠의 조회수도 늘어나게 할 확률이 높습니다. ⓔ 요리, 뷰티, 패션, 건강, 리뷰, 연예, 연애, 스토리 등

레드오션 주제인 '패션' 콘텐츠

? 궁금해요! 블루오션 콘텐츠는 추천하지 않나요?

레드오션 콘텐츠와 반대되는 개념으로 블루오션(blue ocean) 콘텐츠가 있습니다. 블루오션 콘텐츠는 아직 많이 제작하지 않아 경쟁이 덜한 콘텐츠를 뜻합니다. 이 콘텐츠를 떠올렸을 때 '내가 처음 하는 콘텐츠이니까 경쟁자도 없고 잘 되지 않을까?' 라고 생각할 수 있습니다.

쇼츠 콘텐츠를 처음 제작한다면 다른 채널을 탐색하고 벤치마킹하면서 영상을 만들어야 실패할 확률이 낮으므로 **참고할 콘텐츠가 적은 블루오션 콘텐츠는 추천하지 않습니다.** 물론 정말 신선한 아이디어라서 터지는 콘텐츠도 있지만, 대부분 시청자의 관심도를 모으고 콘텐츠를 공유하는 데 시간이 어느 정도 소요됩니다. 경쟁 없이 성장할 기회가 있다는 장점에 비해 처음부터 개척해야 하는 어려움이 커 초보자에게는 높은 장벽이 될 수 있습니다.

▶ 후킹이 잘 되는 제목을 만드는 5가지 전략

잘 공유되는 콘텐츠 주제를 골랐다면 다음으로 시청자를 후킹할 수 있는 매력적인 제목을 붙여 주어야 합니다. 제목은 콘텐츠 내용을 잘 설명하되 시청자의 이목을 끌 수 있는 방향으로 정하면 됩니다.

▶ 후킹(hooking)이란 고객의 마음을 사로잡아 낚아채는 것을 뜻하는 마케팅 용어입니다. 짧은 시간 안에 고객의 눈길을 끄는 광고 카피는 물론 유튜브 섬네일 제목 등에 후킹 문구를 사용합니다.

❶ 짧고 간결하게!

쇼츠 제목은 50자 이내로 간결하게 만드는 것이 좋습니다. 사람들이 쉽게 이해할 수 있도록 핵심을 전달하세요! 예 조회수 1만! 쇼츠 전략 공개

❷ 궁금증을 유발하는 제목

시청자들이 영상을 시청하게 만드는 가장 좋은 방법은 질문을 던지거나 호기심을 자극하는 것입니다. 예 알고 보면 무서운 ○○○

❸ 숫자를 활용해 구체화하기

'5가지 팁', '5초 만에', '100만원을 아낀'처럼 구체적인 수치를 사용하면 시청자의 이목을 끌 수 있습니다. 예 숨겨둔 환급금 100만 원을 돌려받는 꿀팁 5가지

❹ 긴급하다는 뉘앙스 강조하기

'지금 핫한', '꼭 봐야 할' 등 시청자가 놓치면 안 될 것 같은 제목을 사용합니다.

예 오늘만 특가! 지금 핫한 할인 정보, 놓치면 후회! 꼭 봐야 할 패션 트렌드

❺ 의문성 강조하기

질문을 제시하거나 '이것' 등을 사용해서 콘텐츠를 궁금해하도록 유발합니다.

예 아침 루틴 하나로 하루가 바뀌는 '이것'

05

사람들이 반응하는
콘텐츠 제작하기

▶ ··· 👍 💬 ➤

03~04장에서 기획한 나만의 콘텐츠를 실제 영상으로 만들어 보겠습니다. 영상에는 내가 나와도 좋고 제3의 사물이 나와도 괜찮습니다. 사람들이 반응하는 콘텐츠는 다른 데서 나오는게 아닙니다. 영상을 시청할 타깃에게 필요한 영상을 기획하고 그에 맞춰 제작하면 됩니다. 거두절미하고 영상 만드는 방법을 바로 배워 볼까요?

05-1

쇼츠로 만들 영상
직접 촬영하기

영상을 직접 촬영할 때는 얼굴이 잘 나오도록 조명을 비추고 외부 소음을 최소화해서 깨끗한 음성을 녹음하는 등 유의할 점이 몇 가지 있습니다. 좀 더 품질 좋은 영상을 제작할 수 있도록 촬영할 때 필요한 준비물을 살펴보고 직접 촬영하는 단계까지 진행해 보겠습니다.

▶ 영상을 촬영할 때 갖춰야 하는 준비물

쇼츠 영상을 촬영할 때 필요한 장비와 소품을 준비합니다. 다음은 필수 준비물 목록입니다.

준비물	설명	관련 이미지
스마트폰 또는 카메라	영상 촬영 장비는 필수입니다. DSLR, 미러리스 등 전문 카메라를 사용하면 고화질의 영상을 촬영할 수 있습니다. 하지만 최근에 출시된 스마트폰은 대부분 화질이 뛰어나므로 고가의 전문가용 카메라가 없어도 충분합니다.	
삼각대	안정된 화면을 얻으려면 삼각대는 필수입니다. 영상은 흔들림 없이 촬영하는 것이 중요합니다. 만약 손으로 직접 들고 촬영해야 한다면 스마트폰 짐벌을 사용하는 것도 좋습니다.	
조명	조명은 특히 자연광을 이용할 수 없는 상황에서 필요합니다. 링라이트나 LED 조명은 휴대성과 조절 가능성 면에서 유리합니다. 보통 자연광이나 간단한 미니 조명으로도 충분합니다.	

마이크	스마트폰에 연결할 수 있는 마이크는 다양한 옵션이 있습니다. 깨끗한 음질을 추출하려면 외장 마이크를 사용하는 것이 좋은데, 외장 마이크가 없다면 스마트폰으로 촬영·녹음한 후 음질 수준을 높이고 볼륨을 키우는 방법을 선택합니다.	

이 밖에도 자막을 자연스럽게 읽을 수 있도록 도와주는 **텔레프롬프터**를 사용하면 훨씬 편리하게 촬영할 수 있는데요. 텔레프롬프터는 텍스트를 스크롤해 주는 장비로, 이 장비를 이용하면 눈을 자연스럽게 카메라에 맞춘 상태로 대본 자막을 읽을 수 있습니다. 자막을 보면서 자연스럽게 대사를 소화할 수 있다는 장점이 있죠.

텔레프롬프터 장비가 따로 없다면 스마트폰 앱을 사용해도 되는데, 대본을 입력하면 자동으로 텍스트가 움직이는 엘레강트 텔레프롬프터(Elegant Teleprompter) 앱을 추천합니다. 아이폰은 텔레프롬프터(Teleprompter) 앱을 사용하면 됩니다.

엘레강트 텔레프롬프터
(안드로이드용)

텔레프롬프터
(아이폰용)

? 궁금해요! 녹음 장비를 따로 사용해야 하나요?

녹음 장비는 스마트폰으로도 충분합니다. 스마트폰 기본 카메라로 촬영하면서 내 목소리를 녹음해도 되고, 영상과 별개로 동시 녹음을 하려면 스마트폰 녹음 기능을 사용하면 됩니다. 만약 PC 화면을 녹화하는 경우라면 '오캠'이라는 프로그램을 사용해서 화면과 목소리를 동시에 녹음할 수 있습니다.

오캠 다운로드 페이지(ohsoft.net/kor/ocam/download.php?cate=1002)

영상을 촬영할 땐 다양한 방법을 시도해 보고 자신에게 가장 잘 맞는 방법을 선택하세요. 특히 여러 각도에서 촬영해 두면 장면 전환을 자유롭게 넣을 수 있어서 영상을 생동감 있게 만들고, 결국 시청자의 시선을 더 머무르게 할 수 있습니다.

저렴한 장비도 상관없고, 장비가 없다면 그냥 촬영해도 좋으니 '우선 촬영해 보겠다'라는 마음가짐을 가지고 무작정 시작해 보세요. 이제 바로 촬영에 들어가 보겠습니다.

하면 된다! } 텔레프롬프터 앱 사용해 보기

이번 실습에서는 안드로이드용 텔레프롬프터인 Elegant Teleprompter 앱을 내려받아 사용해 보겠습니다. 앱을 내려받는 과정은 생략합니다.

01 ① 스마트폰에서 Elegant Teleprompter 앱을 실행하고 ⊕ 아이콘을 누릅니다. ② I'd like to... 창이 나타나면 [Create new script]를 탭합니다.

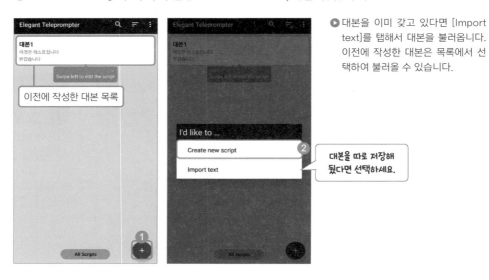

▶ 대본을 이미 갖고 있다면 [Import text]를 탭해서 대본을 불러옵니다. 이전에 작성한 대본은 목록에서 선택하여 불러올 수 있습니다.

02 ① Title에 대본 제목을 입력하고 ② Content에는 대본 내용을 입력합니다. 대본을 모두 입력하고 ③ 화면 오른쪽 상단에서 재생 아이콘 ▶을 탭하면 대본을 담은 프롬프터 화면이 나타나고 대본이 천천히 위로 올라갑니다. ④ 마지막으로 저장 아이콘 📁을 탭해서 대본을 저장합니다. 저장한 대본은 홈 화면 목록에서 쉽게 불러올 수 있습니다.

▶ 화면을 가로로 돌리면 프롬프터를 가로로 볼 수 있습니다.

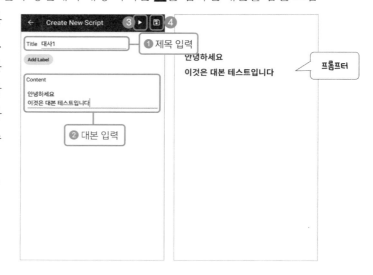

? 궁금해요! │ 촬영 장소는 어디로 해야 할까요?

촬영 장소는 영상 수준에 큰 영향을 미칩니다. 이왕이면 **조용하고 배경이 깔끔한 장소**를 선택하는 것이 좋은데요. 자연광이 잘 들어오는 장소를 찾으면 조명 장비를 준비하지 않아도 품질 좋은 영상을 촬영할 수 있습니다. 영상 특성상 또는 불가피하게 외부에서 촬영해야 한다면 날씨와 주변 소음을 고려하여 촬영 시간을 잡는 것이 좋습니다.

스튜디오를 빌려야 한다면 소상공인을 위한 전용 **라이브 스튜디오**를 사용해 보세요. 무료일 뿐 아니라 패션 스튜디오, 라이프 스튜디오, 키친 스튜디오, 멀티 스튜디오와 편집실까지 갖추고 있고 촬영에 필요한 장비도 빌릴 수 있어서 이용하기 편리합니다. 단, 판매하는 상품이 있어야 하고, 네이버 계정으로 날짜와 시간을 선택해서 미리 예약해야 한다는 점을 알아 두세요.

소상공인 전용 라이브 스튜디오(booking.naver.com/booking/10/bizes/511921)

촬영 장소를 어디를 정해야 할지 감이 잡히지 않나요? 이런 걱정은 뒤로 하고 집, 학교, 자주 가는 카페 등 어디서든 촬영해 보길 바랍니다. 최적의 장소를 섭외하는 것보다 완벽하지 않아도 영상을 업로드해 보는 것이 가장 중요합니다.

▶ 촬영할 때 이것만은 지켜 주세요!

스마트폰이나 카메라를 이용해서 나의 얼굴, 상품 등을 촬영하면 됩니다. 스튜디오를 빌려도 되고, 집에서 찍어도 되고, 야외에서 촬영해도 상관없습니다. 단, 영상에 적합한 화면 비율과 수직/수평을 맞춘 상태에서 촬영해야 완성도 높은 결과물을 얻을 수 있습니다.

▶ 영상을 편집할 때 수직/수평을 보정해도 되지만 자칫 담아야 하는 요소가 잘릴 수 있으니 애초부터 구도를 잘 맞춰 촬영하는 것이 좋습니다.

수직/수평이 어긋난 경우　　　　수직/수평을 맞춰 촬영한 경우

하면 된다! } 스마트폰 카메라 설정하기

스마트폰으로 영상을 촬영할 때 적합한 비율을 설정하고 수직/수평을 맞출 수 있도록 도와주는 안내선을 표시해 보겠습니다. 이 두 가지만 신경 써서 촬영해도 영상 소스를 준비하는 데 무리가 없습니다.

01 ❶ 스마트폰에서 카메라 앱을 열고 [동영상] 모드로 설정합니다. ❷ 화면 비율은 쇼츠에 최적화된 [9:16]으로 설정합니다. ❸ 안내선 설정을 위해 카메라 설정 아이콘 ⚙을 탭합니다.

▶ 아이폰은 카메라 앱을 열고 화면 하단에서 [비디오]를 선택하면 화면 비율이 9:16으로 자동 설정됩니다. 아이폰에서는 16:9로 표시됩니다.

02 카메라 설정 화면에서 [수직/수평 안내선]을 활성화합니다. 촬영 화면에 안내선을 표시하면 촬영 구도를 잡기가 수월해서 훨씬 편리합니다. 보통 중요하게 표현할 부분을 안내선의 중간에 오도록 촬영하면 됩니다.

▶ 아이폰을 설정할 때도 마찬가지로 화면 비율과 수직/수평 위주로 신경 쓰면 됩니다. 아이폰은 설정 앱에서 [카메라 → 격자]를 켜면 수직/수평 안내선을 활성화할 수 있습니다.

? 궁금해요! **꼭 얼굴을 공개해야 할까요?**

얼굴을 공개하면 신뢰를 강화할 수 있어서 구독자와 친밀감을 쌓는 데 도움이 되지만, 반드시 얼굴을 공개할 필요는 없습니다. AI 음성을 활용하거나 비주얼 중심의 콘텐츠를 제작하면 얼굴 없이도 완성도 있는 영상을 만들 수 있습니다. 시청자는 유익하거나 재미있는 콘텐츠에 집중하므로 얼굴 공개 여부는 그다지 중요하게 여기지 않습니다. 채널 소유자의 얼굴이 노출되는 것보다 중요한 것은 내 콘텐츠가 시청자에게 어떤 가치를 제공하느냐라는 걸 명심하세요!

05-2
초보도 쉽게 할 수 있는
캡컷 편집

영상을 촬영했다면 다음으로 편집할 차례입니다. 캡컷(CapCut)은 간편하면서도 강력한 영상 편집 도구로, 스마트폰에 최적화되어 있어서 초보자도 쉽게 따라 할 수 있습니다. 게다가 직관적이고 사용하기 쉬운 인터페이스와 다양한 편집 도구를 대부분 무료로 제공한다는 장점도 있습니다. 그리고 캡컷의 템플릿 기능을 최대한 활용하면 시간과 노력 대비 완성도 높은 결과물을 얻을 수도 있습니다.

캡컷 로고

캡컷의 핵심 기능을 사용해서 영상을 편집해 볼 텐데요. 먼저 전체 실습 과정을 훑어보겠습니다. 과정이 복잡해 보일 수 있지만 직접 따라 하다 보면 금세 영상 편집에 익숙해질 거예요.

컷 편집 ➡ 전환 효과 넣기 ➡ 필터 적용하기 ➡ 제목 넣기 ➡ 자막 넣기

➡ 배경음악 넣기 ➡ 음향 효과 넣기 ➡ 내 목소리 삽입하기 ➡ 내보내기 (저장&공유)

그럼 이제부터 캡컷을 활용해서 영상을 편집해 보겠습니다. 스마트폰의 앱 스토어 또는 구글 플레이스토어에서 '캡컷' 앱을 내려받아 설치하세요.

하면 된다! } 영상 기본 편집 시작하기

01 새 프로젝트 생성하기

❶ 캡컷 앱 화면 하단 메뉴에서 [편집]을 선택하고 ❷ [새 프로젝트]를 탭합니다. 팝업 창이 뜨면 [건너뛰기]를 탭하면 됩니다. ❸ 앨범 창이 열리면 스마트폰에 있는 영상이나 사진을 선택하고 ❹ [추가]를 탭해 타임라인에 추가합니다.

▶ [동영상] 탭과 [사진] 탭을 선택해서 동영상과 사진을 추가할 수 있습니다.

02 컷 편집하기

[편집] 메뉴 또는 비디오 클립 부분을 탭합니다. [편집] 메뉴의 하위 메뉴가 나타나면서 플레이헤드가 위치한 비디오 클립이 자동 선택됩니다.

비디오 클립이 자동 선택됩니다.

플레이헤드

탭

03 ① 플레이헤드를 컷 편집을 할 지점으로 끌어서 이동합니다. ② [분할] 메뉴를 탭하면 비디오 클립 1개가 2개로 쪼개집니다. ③ 플라이헤드를 오른쪽으로 이동하여 컷을 나눌 끝점에 위치시킵니다. 한 번 더 [분할] 메뉴를 누르면 독립된 클립을 만들수 있습니다.

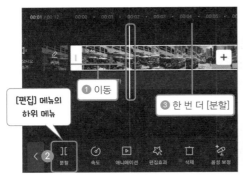

04 이번엔 불필요한 부분을 삭제해 보겠습니다. ① **03**에서 분리한 클립을 선택하고 ② [삭제]를 탭합니다. 이 과정을 반복하여 영상에서 필요한 부분만 남깁니다.

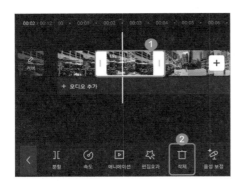

▶ 영상 클립의 양끝을 드래그해서 길이를 조정할 수 있습니다.

? 궁금해요! **영상 순서를 바꿀 수도 있나요?**

클립 단위로 분할한 영상을 누른 상태로 왼쪽과 오른쪽으로 끌어당기면 이동할 수 있습니다. 예를 들어 가운데 영상을 분할하여 왼쪽 끝으로 끌면 맨 앞으로 배치할 수 있습니다.

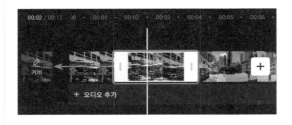

05 전환 효과 사용하기

컷 편집을 해서 장면과 장면이 뚝뚝 끊기는 상태가 되었습니다. 클립과 클립을 자연
스럽게 연결하려면 전환 효과를 적용합니다. ❶ 클립과 클립 사이에 있는 Ⅰ을 탭합
니다. ❷ [기본] 탭에서 무료 전환 효과를 선택할 수 있습니다. ❸ 원하는 효과를 선
택하고 ❹ 적용 아이콘 ✔을 탭합니다. ❺ 전환 효과가 적용되면 클립과 클립 사이에
있는 아이콘 모양이 ◪으로 변경됩니다.

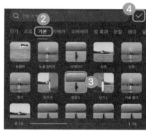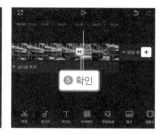

▶ 전환 효과는 선택한 클립 사이에만 적용되므로 영상 전체에 같은 전환 효과를 적용하려면 [전체 적용]을 탭합니다.
[Pro] 표시가 붙은 효과는 유료이므로 여기에서는 [Pro]가 붙지 않은 무료 전환 효과를 선택했습니다.

06 필터 적용하기

영상에 색감과 분위기를 더할 필터를 적용해 보겠습니다. ❶ 클립을 선택한 후 ❷ 하
위 메뉴에서 [필터]를 탭하면 다양한 필터가 보입니다. ❸ 여러 가지 필터 가운데 영
상과 어울리는 색감을 선택합니다. 여기에서는 [페인팅 → 크림]을 선택하겠습니다.

▶ 전환 효과와 마찬가지로 [Pro] 표시가 있는 필터는 유료입니다. 캡컷 업데이트로 필터 속성이 변경될 수 있습니다.

07 ❶ 화면 하단에서 슬라이더로 필터의 강도를 조절할 수 있습니다. ❷ [전체 적용]을 탭하여 전체 클립에 필터를 적용합니다. ❸ 마지막으로 적용 아이콘 ✅을 탭하면 영상의 색감을 간단하게 변경할 수 있습니다.

크림 필터가 적용됩니다.

❶ 강도 조절

? 궁금해요! **영상 화면 비율을 바꾸고 싶어요!**

캡컷에서 가로 영상을 세로 비율로 바꾸려면 ❶ 하단 메뉴에서 [가로 세로 비율]을 선택한 뒤 ❷ 숏폼 세로 비율인 [9:16]을 눌러 설정하면 됩니다. ❸ 화면 부분을 대각선 방향으로 늘리거나 줄여서 화면에 보이는 영역도 조절할 수 있습니다.

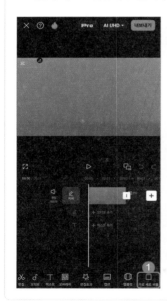
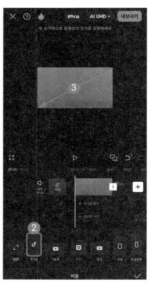

▶ 가로 영상이 9:16 비율 화면에 꽉 차게 만들려면 영상 타임라인을 선택한 뒤 하단 메뉴에서 [변형 2 → 비율 조정 → 9:16]을 누른 뒤 조절하면 됩니다.

하면 된다! } 영상에 자막 넣기

영상을 설명하거나 영상에서 말하는 내용을 시각적으로 전달하는 자막을 삽입해 보겠습니다. 소리를 켜지 않고 영상을 시청하는 경우도 있기 때문에 자막은 필수로 넣는 것을 권장합니다.

01 제목 추가하기

① 제목을 추가할 곳에 플레이헤드를 놓고 ② 메뉴에서 [텍스트]를 탭합니다. ③ [텍스트 추가]를 누르고 ④ 영상 제목을 입력합니다. ⑤ 바로 밑에서 [글꼴]을 선택하면 텍스트의 위치, 크기, 색상 등을 조정하여 마음에 드는 스타일로 꾸밀 수 있습니다. 메뉴에서 [편집효과]를 선택하면 예쁜 디자인 자막을 골라 사용할 수 있습니다. ⑥ 적용 아이콘 ✓을 탭해 적용합니다.

캡컷에서는 입력한 텍스트에 글꼴이나 색 등 서식은 물론 애니메이션 효과도 적용할 수 있습니다. 이뿐만 아니라 캡컷에서는 다양한 텍스트 템플릿을 제공하는데, 스티커처럼 꾸밈 요소로 넣을 수 있어 활용도가 높습니다.

메뉴	기능	캡컷 화면
글꼴	텍스트의 글꼴을 변경할 수 있습니다. 글꼴을 선택하면 상단의 영상에서 미리 볼 수 있습니다. 다른 글꼴을 추가하거나 영어 글꼴도 선택할 수 있습니다.	
스타일	텍스트의 색상, 획, 그림자, 배경, 간격 등 텍스트의 외형을 꾸미는 옵션을 제공합니다. 텍스트 크기는 하단에 있는 [크기] 슬라이더로 조절하거나 텍스트를 직접 스와이프하여 수정할 수 있습니다. [불투명도] 슬라이더를 조절하면 텍스트의 불투명도를 설정할 수 있습니다.	
편집효과	눈에 띄는 워드아트 효과를 적용할 수 있습니다. 색상별로 구분되어 있어 영상 색감에 따라 조화로운 효과를 선택하면 됩니다.	
애니메이션	텍스트에 동작을 추가해서 생동감을 더하고 흥미를 불러일으킬 수 있습니다. 예를 들어 글자가 타자기 치듯 나타나거나 텍스트가 갑자기 날아오는 동작 등을 설정할 수 있습니다.	
말풍선	일반적인 말풍선 모양부터 만화에서 흔히 볼 수 있는 속마음 말풍선까지 다양한 옵션을 제공합니다. 말풍선 안에 주로 사용하는 메시지가 들어 있어 상황에 맞게 활용할 수 있습니다.	
사전 설정	내가 복수 선택한 옵션을 하나의 설정으로 저장할 수 있습니다. 필요할 때마다 불러올 수 있어 편리한 기능입니다.	

02 자막 추가하기

❶ 메뉴에서 [캡션]을 탭하고 ❷ 하위 메뉴에서 [캡션 입력]을 선택합니다. ❸ 영상에 추가할 자막을 입력하고 ❹ [완료]를 탭합니다.

▶ 자동 캡션 기능을 사용해도 좋아요.

▶ 아이폰에서는 [캡션 입력] 대신 [캡션 추가], [완료] 대신 [확인]으로 나타납니다.

03 보이스오버 삽입하기

다음 화면에서 ① 목소리를 선택하면 AI 음성이 캡션을 읽도록 설정할 수 있습니다. ② 조정 화면이 나타나면 속도를 0.1배부터 3배까지 조절하고 ③ 적용 아이콘 ⊙을 탭합니다. ④ [더 많은 음성]을 눌러 다양한 음성 옵션을 확인할 수도 있습니다. ⑤ [다음]을 탭하여 캡션을 저장합니다.

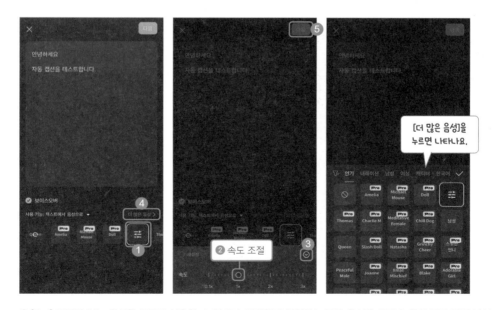

▶ [Pro] 표시가 없는 음성은 무료로 사용할 수 있으나, 캡컷에서 지원하는 무료 음성은 AI가 녹음한 티가 많이 나서 부자연스럽습니다. 타입캐스트(typecast.ai/kr)나 02-1절에서 다룬 브루를 사용하는 것을 추천합니다.

궁금해요! | 제 목소리로 직접 녹음하고 싶어요!

❶ [사용 기능: 텍스트에서 음성으로]를 탭하면 보이스오버 만드는 방법 선택 창이 나타납니다. ❷ [녹음]을 선택하고 ❸ 적용 아이콘 ▾을 누르면 음성을 직접 녹음할 수 있는 화면이 나타나며 ❹ 녹음 버튼 ⬤을 눌러 내 목소리를 녹음할 수 있습니다.

04 자막 꾸미기

캡션이 추가되면서 타임라인 하단에 텍스트 클립이 생성되었습니다. 미리 보기 화면에도 텍스트가 나타납니다. ❶ 텍스트 클립을 선택하고 ❷ 미리 보기 화면에서 연필 모양 아이콘 ✐을 눌러 ❸ 텍스트 스타일이나 글꼴, 애니메이션 등을 설정하고 ❹ 적용 아이콘 ▾을 탭합니다. ❺ «을 여러 차례 눌러 텍스트 편집 화면에서 빠져나옵니다.

하면 된다! } 영상에 소리 입히기

영상에 소리가 빠지면 안 되겠죠? 영상과 어울리는 배경음악은 몰입감을 부여하거나 분위기를 형성합니다. 배경음악과 기타 음향 효과를 추가해 영상의 완성도를 한층 더 높여 보겠습니다.

01 배경음악 추가하기

❶ [오디오]를 탭한 다음 ❷ 하위 메뉴에서 [사운드]를 선택하면 배경음악 목록이 나타납니다. ❸ 사용할 배경음악의 오른쪽에서 다운로드 아이콘 ⬇을 눌러 내려받고 추가 아이콘 ➕을 탭하여 영상에 음악을 추가합니다.

▶ [Pro] 표시가 없는 음원은 무료로 사용할 수 있습니다. 단, 캡컷에서 무료로 지원하는 음악이더라도 저작권에 걸릴 수 있습니다. 쇼츠에서 제공하는 음원을 사용하거나 먼저 비공개로 영상을 올려 본 후에 음원이 저작권에 위배되는지 확인하는 것이 좋습니다.

02 선택한 배경음악이 오디오 클립으로 추가되었습니다. ❶ 오디오 클립을 선택하고 ❷ 메뉴에서 [희미하게]를 선택합니다. ❸ [페이드 인], [페이드 아웃] 슬라이더를 조절하고 ❹ 적용 아이콘 ☑을 탭합니다. ❺ 왼쪽 하단에 있는 ≪을 눌러 사운드 편집 화면에서 빠져나옵니다.

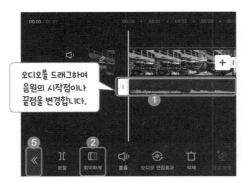
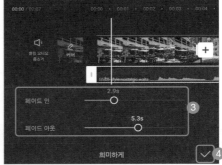

▶ 페이드 인은 오디오 시작 부분에서 소리가 서서히 커지고, 페이드 아웃은 반대로 오디오 끝부분에서 소리가 서서히 작아지는 효과입니다. 오디오가 전환되어 더욱 자연스러운 결과를 가져올 수 있습니다. 필요하다면 음악의 길이뿐 아니라 영상과 음악의 볼륨을 조절할 수 있습니다.

03 음향 효과 추가하기

특정 장면에서 적절한 효과음을 넣으면 몰입감을 높일 수 있습니다. 예를 들어 영상 앞에 박수 치는 효과음을 삽입하면 주목을 끌 수 있습니다. ❶ [사운드 FX]를 선택하고 ❷ 음향 효과를 골라 오른쪽에서 추가 아이콘 ➕을 탭한 뒤 ❸ 적용 아이콘 ☑을 탭합니다.

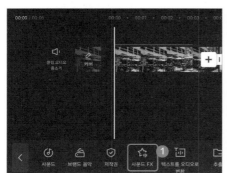

▶ 오디오 편집 화면에서 아예 나가버렸다면 [오디오 → 사운드 FX]를 탭하면 됩니다.

04 ❶ 음향 효과가 추가되면서 오디오 클립이 생성되었습니다. 음향 효과를 선택해 드래그하면 위치를 이동할 수 있습니다. ❷ ▓을 눌러 사운드 편집 화면에서 빠져나 옵니다.

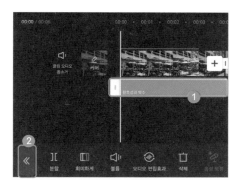

05 내 목소리 삽입하기

영상에 내 목소리를 삽입해 보겠습니다. ❶ 이번에는 [녹음]을 탭합니다. ❷ 녹음 버 튼 🎤을 탭하고 내 목소리를 녹음합니다.

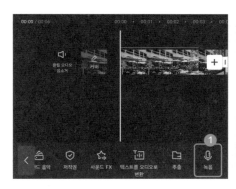

06 ① 녹음을 완료하면 정지 버튼 ●을 눌러 중지하고 ② 적용 아이콘 ☑을 탭합니다. ③ 마찬가지로 오디오 클립이 추가되면 드래그해서 이동하거나 편집할 수 있습니다.

07 영상 내보내기

[내보내기]를 탭해서 영상을 저장합니다. 저장한 영상은 유튜브, 인스타그램, 틱톡 등에서 바로 공유할 수 있습니다.

▶ 캡컷에서 워터마크 제거 기능과 고화질 저장 기능은 유료로 사용할 수 있습니다. 무료 사용자는 최대 720px 해상도까지만 저장할 수 있습니다.

05-3

직접 촬영하지 않아도 OK!
영상 소스 찾기

▶ 추천하는 무료 영상 소스 웹 사이트 3가지

영상 편집을 하다가 영상이 추가로 필요하다면 무료 영상 소스를 찾아 채워 넣어도 됩니다. 무료 영상 소스를 활용할 수 있는 웹 사이트 세 곳을 소개합니다. 간혹 저작권을 표시해야 사용할 수 있는 영상이 있는데, 이런 영상을 사용한다면 잊지 말고 저작권을 반드시 표기해 주세요.

① 픽사베이(Pixabay)

픽사베이는 고화질 이미지를 무료로 제공하는 웹 사이트로 사진, 동영상 등을 내려받을 수 있습니다. 픽사베이의 이미지와 영상은 대부분 상업 목적으로 사용할 수 있어서 출처를 표기하지 않고 자유롭게 사용하는 경우가 많습니다. 물론 별도의 라이선스를 적용한 비디오나 사진도 있으므로 미리 조건을 확인하는 것이 좋습니다.

> 일러스트나 벡터 자료도 풍부합니다!

픽사베이(pixabay.com/ko)

❷ 픽셀즈(Pexels)

픽셀즈는 웹 사이트뿐만 아니라 모바일 앱에서도 사용할 수 있습니다. 동영상을 주제별로 선별하고 추천해 주므로 필요한 영상을 쉽게 찾을 수 있습니다.

픽셀즈(www.pexels.com/ko-kr)

픽셀즈 모바일 앱 화면

❸ 비디지(Videezy)

비디지는 4K UHD, Full HD 해상도의 고품질 비디오 클립을 제공하는 것이 큰 장점입니다. 프로 버전으로 구독하면 고품질 콘텐츠도 구할 수 있으나 무료 콘텐츠만으로도 충분히 다양한 영상을 지원합니다. 드론 촬영, 도시 풍경 등 시네마틱한 클립이 많은 편이고, 모션 그래픽과 애니메이션 자료도 찾아볼 수 있습니다.

비디지(www.videezy.com)

▶ 해외 영상 참고하기

유튜브에 올라온 해외 영상은 아이디어를 참고할 때 매우 유용합니다. 다양한 콘텐츠를 만날 수 있을 뿐 아니라 트렌드와 아이디어를 나의 콘텐츠에 벤치마킹할 수 있어서 추천합니다.

비드아이큐에 로그인하고 ❶ 왼쪽 메뉴에서 [Outliers]를 선택한 후 ❷ 원하는 국가의 언어로 검색합니다. 예를 들어 요리 팁 콘텐츠가 궁금한데 영어권 국가 영상을 참고하려면 cooking tip으로 검색하면 됩니다. 해당 국가에서 검색한 키워드로 인기 있는 영상의 아이디어를 제공받을 수 있습니다. ❸ 검색 창 왼쪽에 있는 [Filters]를 클릭하면 콘텐츠의 조회수와 구독자 수 등을 설정해서 선별된 영상만 골라 볼 수 있습니다.

비드아이큐 아웃라이너 페이지(app.vidiq.com/outliers)

? 궁금해요! **비드아이큐(VidIQ)는 한국어를 지원하지 않나요?**

안타깝게도 현재 비드아이큐는 한국어 서비스를 지원하지 않습니다. 크롬의 기본 번역 기능도 적용되지 않죠. 안드로이드폰 자체의 번역 기능을 사용하거나 필요할 때마다 번역기를 돌려야 합니다. 하지만 몇 번 사용하다 보면 금방 익숙해집니다. 한국어로 번역되지 않아도 여러 차례 비드아이큐를 추천하는 이유는 유튜브 채널을 성장시키기 위해 전 세계에서 사용하는 인기 플랫폼이기 때문입니다.

[Filters]에서 조회수를 뜻하는 [Views]와 구독자 수를 뜻하는 [Subscribers] 등 채널의 조건을 상세하게 설정하고 [Apply]를 탭해 적용한 후 검색어를 입력해 보세요.

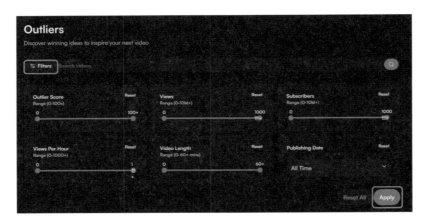

하면 된다! } 유튜브 영상 내려받기

영상을 내려받아서 그대로 재사용하면 저작권 문제가 발생할 수 있으니 반드시 확인해야 합니다. 온라인에서 비디오를 내려받을 수 있는 웹 사이트로 '세이브프롬'을 추천합니다.

01 세이브프롬(ko.savefrom.net)에 접속한 뒤 [youtube.com]을 선택합니다.

▶ 세이브프롬에서는 유튜브뿐만 아니라 다양한 플랫폼의 영상도 내려받을 수 있습니다. 고해상도 비디오를 내려받으려면 유료로 구독해야 하지만 무료로 사용해도 품질 좋은 영상을 추출할 수 있습니다.

02 ❶ 내려받을 영상의 URL을 복사해서 세이브프롬 입력 창에 붙여넣고 ❷ [다운로드]를 클릭합니다. ❸ 시간이 조금 흐른 뒤 화면 하단에 있는 [다운로드]를 클릭합니다.

내려받을 영상 페이지

세이브프롬에 URL을 붙여넣은 모습

03 다른 페이지로 넘어가면 다시 세이브프롬 웹 사이트로 돌아옵니다. [Download video]를 누르면 영상이 다운로드됩니다.

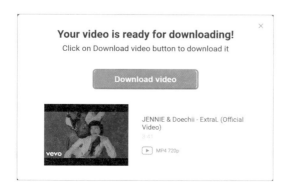

영상을 내려받을 때 악성 광고가 뜨는 경우가 있는데, 이때 광고 창을 바로 닫거나 다운로드 버튼 외에 다른 버튼을 클릭하면 영상이 제대로 내려받아지지 않을 수 있으니 주의합니다.

05-4

AI로 5분 컷 쇼츠 영상 만들기

02-1절에서는 브루가 자체 생성한 대본을 활용했지만, 이번에는 04-2절에서 챗 GPT로 만든 대본을 활용해서 영상을 만들겠습니다. 이번 실습의 결과물은 챗GPT 가 잘나가는 영상의 구성과 인기 요인을 참고해서 대본을 작성했기 때문에 브루가 알아서 만들어 준 영상보다 내용의 완성도가 높다는 장점이 있습니다. 시간이 부족하거나 단순 정보성 콘텐츠를 만들고 싶은 분들에게 추천하는 방법입니다.

하면 된다! } 브루와 챗GPT로 영상 만들기

챗GPT로 만든 대본을 브루에 입력하면 영상을 빠르게 만들 수 있습니다. 앞서 브루 사용법을 자세히 배웠으니 이번에는 빠른 속도로 실습을 진행하겠습니다.

01 영상 기본 틀 설정하기

❶ PC에서 브루를 실행하고 [새로 만들기]를 선택합니다. ❷ 새로 만들기 창이 나타나면 [텍스트로 비디오 만들기]를 선택합니다.

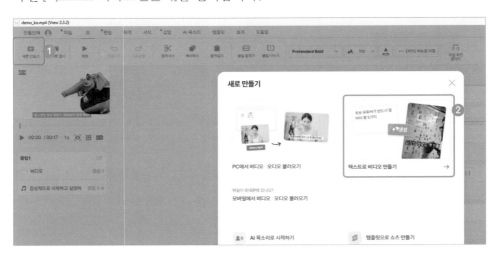

02 ❶ [쇼츠 9:16] 화면 비율을 선택합니다. ❷ 자막 길이는 [짧게], ❸ 자막 위치는 [중간]으로 설정한 후 ❹ [다음]을 클릭합니다.

03 ❶ 마음에 드는 비디오 스타일을 선택합니다. 원하는 스타일이 따로 없다면 [스타일 없이 시작하기]를 선택하고 ❷ [다음]을 클릭합니다.

04 챗GPT가 생성한 대본 입력하기

❶ 04-2절 116쪽 실습에서 챗GPT가 답변한 대본을 복사해서 붙여넣습니다. ❷ 여기에서 큰따옴표 안에 들어 있는 내용만 남기고 괄호 안에 표시한 지문은 삭제합니다.

05 대본 정리를 마쳤다면 연속해서 [완료]를 클릭합니다.

06 영상 내보내기

① 브루가 자동으로 콘텐츠를 만들었습니다. ② 재생 버튼을 눌러 영상을 확인한 후 ③ [내보내기]를 클릭합니다. ④ 내보내기 형식으로 [영상 파일(mp4)]을 선택합니다.

07 ❶ 대상 클립과 ❷ 해상도, ❸ 화질을 다음과 같이 설정합니다. ❹ [하드웨어 가속 사용함]에 체크 표시하고 ❺ [내보내기]를 클릭합니다.

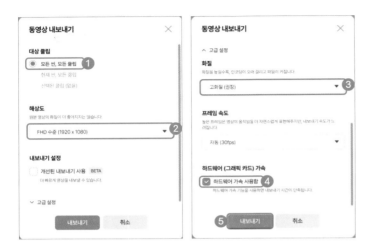

08 ❶ 영상을 저장할 위치와 파일 이름을 입력하고 ❷ [저장]을 클릭합니다. 영상 내보내기를 완료하면 ❸ 브루 화면에서 [폴더 열기]를 눌러 영상을 확인합니다.

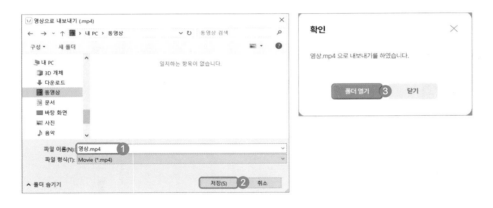

내가 만들 콘텐츠를 탄탄하게 기획해 두기만 하면 영상을 제작하는 건 단 5분도 걸리지 않습니다. 영상을 제작하는 데 진입 장벽을 느끼는 모든 분들에게 추천합니다.

쇼츠를 더 풍부하게 해주는
유튜브 편집 기능 9가지

유튜브 쇼츠는 콘텐츠를 쉽고 빠르게 제작할 수 있도록 자체 편집 서비스를 지원합니다. 쇼츠의 자체 편집 기능은 동영상 편집 프로그램에 비해서 설정이 매우 간단하지만 효과적이므로 적극 활용하는 것을 추천합니다. 단, 이 기능은 모바일 앱에서만 사용할 수 있으며 유튜브 앱 하단에서 ⊕ 아이콘을 누르면 나타나는 쇼츠 편집 화면에서 바로 설정할 수 있습니다.

❶ 사운드 추가: 쇼츠 영상에 배경음악이나 음향 효과를 삽입할 수 있습니다.

❷ 편집 도구: 편집 옵션과 도구를 추가로 제공합니다. 영상을 좀 더 창의적이고 직관적으로 편집할 수 있습니다.

기능	설명
뒤집기 🔄	전면 또는 후면 카메라를 빠르게 전환할 수 있습니다. 셀프 카메라를 촬영할 때 전면 카메라를 사용하고, 풍경이나 외부 장면을 촬영할 때 후면 카메라를 활용합니다.
속도 ⓧ	영상의 재생 속도를 조절할 수 있습니다.
타이머 ⏱	촬영을 시작하기 전에 일정 시간을 설정해서 준비할 시간을 제공합니다.
효과 ✨	필터, 그래픽 효과 등 다양한 시각 효과를 영상에 적용할 수 있습니다.
녹색 화면 🎭	크로마키 효과를 사용해서 배경을 교체할 수 있습니다. 마음에 드는 이미지를 배경으로 선택하고 마치 다른 장소에 있는 것처럼 꾸밀 수 있습니다.
보정 🪄	피부 톤이나 외모를 자연스럽게 보정할 때 사용합니다. 피부를 부드럽게 보정하거나 조명을 밝혀 얼굴이 밝고 선명하게 보이도록 설정할 수 있습니다.
필터 🌓	영상의 색상과 분위기를 바꿀 수 있는 다양한 필터를 제공합니다.
정렬 👻	이전에 촬영한 영상과 새로 촬영한 영상을 정렬하여 장면을 매끄럽게 이어 주는 도구입니다. 이 기능은 여러 클립 영상을 연결하거나 자연스럽게 장면이 전환되는 트랜지션 효과를 연출할 때 유용합니다.
조명 ☀	카메라의 노출이나 밝기를 조정하여 촬영 환경이 어두울 때 영상의 밝기를 높여 주는 도구입니다. 어두운 상황에서도 잘 보이는 영상을 촬영할 수 있습니다.
플래시 ⚡	촬영할 때 조명을 추가로 제공해서 저조도 환경에서 영상을 더 밝게 촬영할 수 있도록 도와줍니다. 전면 또는 후면 카메라 모두 활용할 수 있습니다.
자르기 ✂	촬영한 영상의 길이를 조정합니다. 영상에서 원하는 구간만 남기고 나머지를 제거할 수 있습니다. 쇼츠 길이를 최대 길이에 맞춰서 조정할 수 있습니다.

▶ iOS 화면에서는 편집 도구의 순서가 다르게 나타날 수 있습니다.

❸ **타임라인 도구**: 쇼츠 영상을 촬영한 다음 적용 아이콘 ☑️을 탭하면 타임라인 편집 화면으로 넘어갑니다. 텍스트, 자르기, 필터, 음성 해설, Q&A 등 스티커를 추가할 수 있습니다.

기능	설명
텍스트 Aa	영상에 어울리는 자막과 설명을 추가할 수 있습니다.
자르기 ✂	촬영한 영상에서 필요한 부분을 제외하고 잘라 낼 수 있는 기능입니다.
필터 ⚙	영상에 색감이나 분위기를 더할 수 있습니다.
음성 해설 🎤	촬영하면서 음성을 미처 삽입하지 못한 경우 시작 지점을 설정하여 목소리를 녹음할 수 있습니다.
스티커 😊	Q & A나 설문조사, 나만의 질문 등을 올려 시청자의 참여를 유도할 수 있습니다.

여기서 소개한 편집 기능 가운데 자주 사용하는 9가지를 집중해서 살펴보겠습니다.

- 사운드 추가
- 편집 도구 — 속도, 타이머, 효과
- 타임라인 도구 — 텍스트, 자르기, 필터, 음성 해설, 스티커

▶ 배경음악 삽입하기 – 사운드 추가

영상에 배경음악이나 음향 효과를 삽입할 수 있습니다. [사운드 추가]를 누르면 사운드를 선택할 수 있는 화면이 나타나며, [추천], [인기 사운드]에서 트렌드에 맞는 음악이나 콘텐츠에 어울리는 음악을 쉽게 찾을 수 있습니다. 마음에 드는 음악이 없으면 사운드를 직접 검색해도 됩니다.

사운드 제목을 선택하면 미리 들을 수 있어 사운드가 내 콘텐츠와 어울리는지 확인할 수 있습니다. 북마크 모양 아이콘 🔖 을 누르면 사운드를 저장할 수도 있습니다. 자주 사용하거나 나중에 사용할 사운드를 저장해 두면 [저장됨] 사운드 목록에서 쉽게 불러올 수 있습니다. 매번 새로운 사운드를 찾지 않아도 되므로 시간을 크게 줄일 수 있습니다.

사운드를 추가하면 편집 화면 상단에 선택한 사운드 제목이 표시됩니다. 추가한 사운드를 선택하면 사운드의 시작 위치와 구간을 조절할 수 있습니다. 영상과 사운드를 원하는 타이밍에 정확히 맞출 수 있어서 매우 유용한 기능입니다. 휴지통 모양 아이콘 🗑을 누르면 사운드가 삭제됩니다.

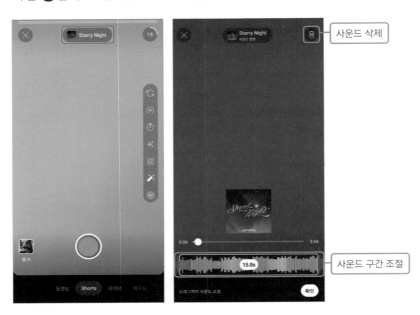

영상을 바로 촬영하는 경우 바로 촬영 전 미리 설정해야 하는 3가지를 자세히 살펴보겠습니다. 특히 타이머는 카운트다운을 설정해 두면 촬영 시작 버튼을 미리 누를 수 있어서 혼자 촬영할 때 유용한 기능입니다.

▶ 재생 속도 조절하기 - 속도

영상 재생 속도를 빠르게(최대 3배) 또는 느리게(최소 0.3배) 조절할 수 있습니다. 슬로 모션으로 극적인 장면을 연출하거나 빠르게 지나가는 동작을 강조하는 등 속도감을 표현할 수 있습니다. 재생 속도를 선택하고 적용 아이콘 ✓을 탭합니다.

▶ 카운트다운 & 녹화 시간 설정하기 - 타이머 ⏱

촬영을 시작하기 전에 카운트다운으로 3초, 10초, 20초를 설정할 수 있습니다. 슬라이더를 드래그해서 녹화를 중지할 시점을 설정할 수도 있습니다. 타이머를 설정하고 [시작]을 탭하면 카운트다운을 한 후 촬영을 시작합니다. 녹화 중지 시점을 설정했다면 그 시점에 맞춰 촬영이 자동으로 종료됩니다. 녹화 중지 시점을 설정하지 않으면 15초 또는 180초를 채우거나 촬영 중지 버튼을 탭해 촬영을 종료할 수 있습니다.

▶ 시각 효과 추가하기 – 효과 ✨

영상에 필터, 그래픽 효과 등 다양한 시각 효과를 적용할 수 있는 도구로, 영상을 더욱 다채롭게 꾸밀 때 사용합니다. 효과의 종류로 [인물] 효과, [렌즈] 효과, [배경] 효과가 있으며, 이 효과를 선택하면 촬영 화면에 바로 적용되어 나타납니다.

[인물] 효과는 주로 영상 속 인물에게 적용하는 스타일 효과입니다. 거울 효과, 얼굴 확대/축소 효과 등이 있습니다. [렌즈] 효과는 카메라 렌즈를 통해 전체 영상의 시각적 스타일을 변경하는 효과입니다. [배경] 효과는 영상의 배경을 바꾸거나 특별한 시각 효과를 적용할 수 있습니다.

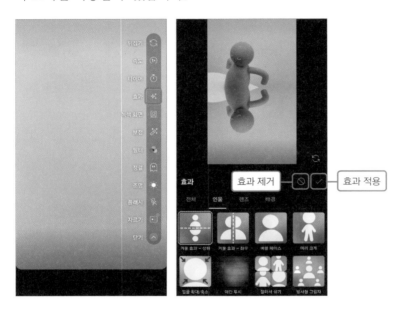

지금까지 촬영을 할 때 적용할 수 있는 핵심 편집 도구 3가지를 알아보았습니다. 촬영을 마치거나 영상을 불러온 뒤에 적용 아이콘을 누르면 타임라인을 편집할 수 있는 화면으로 이동합니다. 스티커를 추가하면 시청자에게 질문이나 의견을 요청하는 메시지를 남길 수 있어 참여를 유도하는 데 큰 도움이 됩니다. 타임라인을 편집할 때 쓸 수 있는 타임라인 도구 5가지를 마저 살펴보겠습니다.

▶ 자막 추가하기 – 텍스트 Aa

쇼츠 영상을 촬영한 후 자막이나 설명, 타이틀 등을 추가할 수 있습니다. 글꼴, 크기, 색상, 스타일 등 영상의 분위기나 메시지에 어울리게 텍스트를 설정할 수 있습니다.

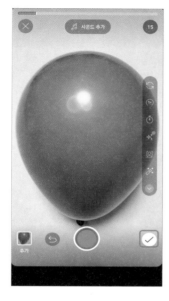  

▶ 불필요한 범위 지우기 – 자르기 ▣

촬영한 쇼츠 영상의 길이를 조정할 수 있는 도구입니다. 타임라인에서 불필요한 부분을 제거하고 핵심 장면만 남길 수 있어서 영상의 흐름을 간결하고 효과적으로 만들 수 있습니다.

▶ 영상에 분위기 더하기 – 필터

영상의 색감이나 분위기를 변경할 수 있는 도구입니다. 다양한 필터 스타일을 제공하며 전체 클립에 동일하게 적용됩니다.

▶ 타임라인 화면으로 넘어오기 전에도 [필터] 기능을 적용할 수 있습니다. 단, 필터를 적용한 채로 촬영하면 이후에는 원본으로 되돌릴 수 없으므로 촬영을 마친 뒤에 필터를 입히는 것을 추천합니다.

▶ 목소리 추가 녹음하기 – 음성 해설

쇼츠 영상에 추가 음성을 삽입하여 설명하거나 내레이션을 더할 수 있는 도구입니다. 실시간으로 녹음할 수도 있습니다.

녹음 버튼

시청자와 문답하며 상호 작용을 할 수 있는 도구입니다. 쇼츠 영상에 질문 스티커를 추가해서 시청자의 반응을 유도하는 역할을 합니다. [스티커 → 설문조사]를 탭해서 시청자에게 질문을 유도할 수 있습니다.

유튜브 쇼츠에서 제공하는 편집 기능은 필수는 아니지만, 적재적소에 적절하게 사용하면 영상을 만드는 데 도움을 얻을 수 있습니다. 업로드 직전 단계에서 영상을 마지막으로 확인하고 편집 앱을 사용하지 않아도 될 만한 소소한 수정은 이 서비스를 활용해도 좋습니다.

둘째마당에서는 쇼츠를 기획하고 제작하는 방법을 구체적으로 살펴봤습니다. 처음에 감이 잡히지 않아도 괜찮으니, 배운 내용을 바탕으로 다양한 주제의 콘텐츠를 올리며 여러분 채널의 색을 찾아 가세요. 이어서 내 영상의 조회수를 높이고 채널을 꾸준하게 운영할 수 있도록 도와주는 알고리즘 학습법과 여러 가지 수익화 방법을 알아보겠습니다.

꾸준한 업로드가 생명!
100일 쇼츠 챌린지 도전하기

처음에는 영상을 제작해 보겠다는 마음을 다잡는 것조차 쉽지 않을 거예요. '시작이 반'이라는 말이 있죠? 하루에 1개씩 100일 동안 쇼츠 영상을 업로드해 보세요. 유튜브 최적화는 물론이고 채널도 빠르게 성장할 수 있습니다!

100일 체크표

시작이
반이다!

1일 (. .)	2일 (. .)	3일 (. .)	4일 (. .)	5일 (. .)
6일 (. .)	7일 (. .)	8일 (. .)	9일 (. .)	10일 (. .)
11일 (. .)	12일 (. .)	13일 (. .)	14일 (. .)	15일 (. .)
16일 (. .)	17일 (. .)	18일 (. .)	19일 (. .)	20일 (. .)
21일 (. .)	22일 (. .)	23일 (. .)	24일 (. .)	25일 (. .)
26일 (. .)	27일 (. .)	28일 (. .)	29일 (. .)	30일 (. .)
31일 (. .)	32일 (. .)	33일 (. .)	34일 (. .)	35일 (. .)
36일 (. .)	37일 (. .)	38일 (. .)	39일 (. .)	40일 (. .)

한 달
성공!

41일 (. .)	42일 (. .)	43일 (. .)	44일 (. .)	45일 (. .)
46일 (. .)	47일 (. .)	48일 (. .)	49일 (. .)	50일 (. .)
51일 (. .)	52일 (. .)	53일 (. .)	54일 (. .)	55일 (. .)
56일 (. .)	57일 (. .)	58일 (. .)	59일 (. .)	60일 (. .)
61일 (. .)	62일 (. .)	63일 (. .)	64일 (. .)	65일 (. .)
66일 (. .)	67일 (. .)	68일 (. .)	69일 (. .)	70일 (. .)
71일 (. .)	72일 (. .)	73일 (. .)	74일 (. .)	75일 (. .)
76일 (. .)	77일 (. .)	78일 (. .)	79일 (. .)	80일 (. .)
81일 (. .)	82일 (. .)	83일 (. .)	84일 (. .)	85일 (. .)
86일 (. .)	87일 (. .)	88일 (. .)	89일 (. .)	90일 (. .)
91일 (. .)	92일 (. .)	93일 (. .)	94일 (. .)	95일 (. .)
96일 (. .)	97일 (. .)	98일 (. .)	99일 (. .)	100일 (. .)

절반이 지났어요!

포기하지 마세요!

목표 도달!

유튜브 쇼츠 추천 주제 100

내가 기획한 채널의 방향이 뚜렷해서 주제를 정하는 데 고민이 없다면 좋겠지만, 채널을 생성한 지 얼마 되지 않아 정체성이 불분명하다면 아이디어를 떠올리는 것이 쉽지 않습니다. 다음 100가지 추천 주제 가운데 만들어 보고 싶은 콘텐츠가 있다면 해당 주제로 바로 영상을 제작해 보세요. 주제를 입력하면 음성부터 자막까지 자동으로 만들어 주는 브루 앱을 활용하면 쉽고 빠르게 영상을 만들 수 있습니다.

일상 브이로그 콘텐츠	1	아침 5분으로 10kg 감량한 루틴 공개!
	2	내 일상 속 최고의 순간 5가지
	3	평범한 회사원의 예기치 못한 하루
	4	책상 정리만으로도 생산성이 이렇게 달라진다고?
	5	나만의 특별한 커피 레시피, 해보면 깜짝 놀랄걸?
	6	오늘 하루, 내가 먹은 모든 것
	7	겨울 데일리 패션 아이템 #ootd
	8	나만 알고 싶었던 강남 비밀 아지트 3곳!
	9	퇴근 후 10분 만에 만드는 저녁 꿀조합 레시피
	10	5분 만에 잠들려면? 잠 오는 꿀팁 루틴 5가지
	11	20대 인생이 꼬이는 이유(은근히 흔한 케이스들)
챌린지 콘텐츠	12	요즘 난리 난 챌린지 댄스, 10초 만에 도전!
	13	책 한 권을 10초 만에 읽을 수 있다면?
	14	30일 동안 매일 아침 미라클 모닝이 독인 이유
	15	다이소 DIY로 5분 만에 조명 만들기? 따라 해보세요!
	16	2025 인기 댄스 챌린지 모음
	17	육퇴 후에 아빠와 띵띵땅땅 챌린지 추기
정보성 콘텐츠	18	스마트폰 사진, 이 설정만 바꾸면 됩니다!
	19	초간단 영상 편집 꿀팁, 누구나 쉽게 따라 할 수 있어요!
	20	시간을 2배로 절약하는 생산성 팁 3가지
	21	초보도 할 수 있는 다이어리 꾸미기 팁 공개!
	22	집에서 하는 10분 운동 루틴 3가지

	23	프리랜서 생산성 2배 올리는 방법
	24	승무원이 알려 주는 여행 가방 싸는 방법
	25	매일 10분, 이 독서법으로 책을 2배 빨리 읽는다!
	26	스트레스 날리는 간단한 호흡법, 지금 바로 시도해 보세요!
	27	머리카락 손질 꿀팁, 5분 만에 완성하는 스타일링
요리 & 먹방 콘텐츠	28	5분 안에 아침 준비 완료! 초간단 레시피 공개
	29	쫀득쫀득 난리 난 레시피
	30	나만의 최애 간식, 10분 만에 완성하는 방법
	31	저칼로리지만 맛있는 디저트 5가지, 누구나 쉽게 따라 할 수 있어요!
	32	아이들이 좋아하는 일주일 식단 준비 30가지
	33	10초 만에 완성하는 나만의 비밀 샐러드 레시피
	34	손님이 와도 당황하지 않는 이자카야 간단 레시피
	35	어디에서도 못 본 소스 조합, 꼭 드셔 보세요!
뷰티 & 패션 콘텐츠	36	다이소 5,000원 화장품 리뷰
	37	5분 만에 완성하는 데일리 메이크업 비법 대공개!
	38	옷장 속 기본템으로 스타일링하는 방법 7가지
	39	꿀피부 되는 10분 나이트 루틴
	40	키 작은 사람이 절대 입으면 안 되는 패션 5가지
	41	간단한 헤어스타일링으로 분위기 있게
	42	셀프 네일 아트, 이렇게 하면 실패 확률 0%!
여행 콘텐츠	43	내가 가본 최고의 여행지, 이곳은 꼭 가봐야 해요!
	44	일본 소도시 탐방 - 우리나라 사람들이 잘 모르는 이곳
	45	국내 숨어 있는 여행지 추천 5가지
	46	여행 경비 3배로 줄이는 꿀팁 5가지
	47	제주도 한 달 살기, 식비와 루틴 공개!
	48	10분 만에 알아보는 최고의 여행지 추천
	49	여행 가기 전에 반드시 알아야 할 5가지 꿀팁
	50	프랑스 도착, 대한항공 비즈니스 탑승기 리뷰

취미 콘텐츠	51	10평 자취방, 영화처럼 예쁘게 꾸미기
	52	1,000원으로 분위기 있는 공간 만들기
	53	다이소에서 만 원으로 크리스마스 트리 만들기, 따라 해보세요!
	54	심심할 때 딱 좋은 방구석 취미 추천 3종
	55	2025년 유행할 취미 생활 5가지 모음ZIP
	56	돈 많이 버는 자격증 순위 TOP 9
동기 부여 & 심리 콘텐츠	57	OOO가 사람들을 많이 안 만나는 이유(연예인 등)
	58	30일간 새로운 습관 만들기 도전, 결과는?
	59	이 방법으로 하루가 2배로 길어집니다!
	60	감사 일기 그냥 쓰면 안 되는 이유, 감사 일기 쓰시는 분들 꼭 보세요!
	61	이 3가지 심리 원칙만 알면 사람들의 행동을 예측할 수 있습니다
	62	과학적으로 검증된, 불면증에서 벗어나는 방법 3가지
	63	절대 피해야 할 소시오패스 유형 3가지
	64	귀인은 첫 만남 1분 만에 OO를 줍니다
연애 콘텐츠	65	남자가 여자를 놓치기 싫을 때 하는 행동 3가지
	66	남자들이 정 떨어지는 여자 행동 5가지
	67	이런 말투 쓰는 남자, 여자들이 정말 좋아합니다
	68	이런 사람 절대 놓치지 말아야 합니다! (feat. 이런 사람과 꼭 결혼하세요)
	69	내가 좋아하는 사람이 나를 좋아하게 만드는 방법 2가지
	70	100% 확신하는 여자들의 호감 신호
테크 & 리뷰 콘텐츠	71	모르면 안 되는 AI 사이트 5가지
	72	시간을 2배 절약해 주는 AI 활용법
	73	사랑에 빠지고 싶게 하는 그 영화
	74	안 본 사람은 있어도 1번 본 사람은 없다는 그 드라마
	75	제작비만 무려 120억, 좀비가 나타나면 생기는 일 OO 드라마	1~5화 리뷰
	76	해외에서 난리 난 1위 꿀잼 한국 드라마 몰아 보기
	77	잠자기 전 클릭 금지! 레전드 추리 OOO 드라마 몰아 보기

미스터리 & 음모론 콘텐츠	78	아직도 풀리지 않은 미스터리 5가지
	79	이 음모론이 사실이라면 세계는 큰 충격에 빠질 겁니다
	80	알려지지 않은 역사적 사건의 충격적 진실
	81	이 미스터리 사건, 여전히 설명할 수 없는 이유
	82	달 착륙은 조작? 숨겨 놓은 음모론의 충격적 증거
	83	일본에서 일어난 기묘한 실종 사건, 그 진실은?
	84	잠을 자는 동안…? 꿈에 대한 무서운 비밀
과학 콘텐츠	85	당신이 몰랐던 신기한 과학적 사실 5가지
	86	5초 안에 이해하는 블랙홀의 비밀
	87	뇌 과학이 밝혀 낸 놀라운 사실 - 당신도 알면 이 능력 가질 수 있다!
	88	우리가 미처 몰랐던 인공지능(AI)의 충격적 진실 3가지
	89	어떻게 이곳에… 생물의 놀라운 생존 본능
	90	과학으로 밝힌 고대 피라미드의 실체
비즈니스 & 재테크 콘텐츠	91	성공한 기업가들이 매일 실천하는 5가지 전략
	92	초보도 쉽게 시작할 수 있는 부동산 투자 노하우 3가지
	93	사업이 실패하지 않으려면 반드시 피해야 할 5가지 실수
	94	퇴근하고 돈 버는 현실 부업 3가지
	95	30대에는 돈을 얼마나 모아야 적당할까?
	96	창의성을 2배로 높이는 3가지 방법
인생 교훈 & 노후 대비 콘텐츠	97	나이 먹을수록 추해 보이는 행동 3가지
	98	하늘도 돕는 말년에 대박 나는 띠 7가지
	99	꼭 생각해 봐야 할 인생 교훈 3가지
	100	삶을 더 행복하게 만드는 간단한 습관 3가지

추천 주제에서 키워드만 바꿔 다양하게 활용해도 좋아요. 어떤 영상이든 지금 바로 만들어 보세요.

많은 사람들이 유튜브 영상을 제작하고 업로드하는 것에 집중하지만 그 이후의 관리야말로 꾸준한 채널 운영의 핵심입니다. 어떻게 하면 더 많은 사람들에게 콘텐츠를 노출하고 조회수와 구독자를 지속해서 늘릴 수 있을까요?

또, 유튜브는 취미를 넘어 수익을 창출할 수 있는 강력한 플랫폼입니다. 이번 장에서는 콘텐츠 업로드 이후에 채널을 효과적으로 성장시키고 안정적으로 수익을 내는 다양한 전략까지 함께 살펴보겠습니다. 나의 유튜브 채널을 실질적인 성과를 만들어 내는 채널로 성장시켜 봅시다.

셋째마당

조회수 폭발과
수익화의 비밀

시청자를 늘리는
노출의 모든 것

▶ · · · 👍 📧 ➤

앞서 쇼츠 영상을 직접 만드는 방법을 알아보았습니다. 하지만 영상을 올렸다고 끝난 게 아닙니다. 조회수를 계속해서 높이고 유지하려면 체계적인 전략이 필요합니다. 06장에서는 유튜브에 업로드한 여러분의 콘텐츠가 최대한 많은 시청자에게 도달할 수 있도록 알고리즘을 타는 방법부터 플랫폼을 확장하는 방법까지 다양한 노출 전략을 소개합니다. 키워드 관리와 검색을 더 용이하게 하는 SEO, 쇼츠 체류 시간을 늘리는 방법 등 여러분의 채널이 성장하는 데 필요한 실제 팁과 노하우까지 모두 공개할 테니 잘 따라오세요.

06-1

알고리즘을 타는
채널 관리 노하우

▶ 알고리즘은 어떻게 돌아갈까? — 원리 파악하기

알고리즘이 콘텐츠를 추천하는 방법으로 '협업 필터링'과 '콘텐츠 기반 필터링'이 있습니다. **협업 필터링**이란 사용자의 행동 데이터를 바탕으로 추천 항목을 생성하는 방식입니다. 쉽게 말해 비슷한 취향을 가진 사람이 좋아하는 콘텐츠를 추천해 주는 것이죠. 한편 **콘텐츠 기반 필터링**은 사용자가 선호하는 콘텐츠의 특징을 분석하여 비슷한 항목을 추천하는 방식입니다. 예를 들어 사용자가 SF 영화를 많이 시청했다면 다른 SF 영화를 추천해 주는 것이죠. 이는 콘텐츠의 장르, 키워드, 배우 등의 정보를 활용하여 추천 항목을 선정하는 경우입니다.

그리고 이 두 가지 알고리즘 방식을 결합한 하이브리드 필터링(hybrid filtering)이 유튜브에서 사용됩니다. 유튜브는 사용자가 본 영상의 태그와 제목(콘텐츠 기반)을 분석할 뿐 아니라, 비슷한 관심사를 가진 다른 사용자가 본 영상(협업 필터링)까지 분석해서 추천 목록을 생성합니다. 아울러 좋아요, 구독, 댓글 등 시청자의 참여가 많을수록 해당 영상과 채널을 추천하는 빈도가 높아집니다.

비슷한 취향을 가진 사람들의 데이터를 분석하여 추천해 주는 '협업 필터링'

기존에 시청한 영상의 정보를 분석하여 추천해 주는 '콘텐츠 기반 필터링'

A B C

캡틴 아메리카

아이언맨

‒ ‒ ‒ 이미 시청한 콘텐츠
‒‒‒‒ 유튜브 추천 콘텐츠

유튜브 알고리즘이 어떻게 작동하는지 이해했다면 이 원리를 이용해서 알고리즘을 내 편으로 만들어야겠죠? 이어서 알고리즘을 관리하는 노하우를 살펴보겠습니다.

▶ 알고리즘 관리 노하우 6가지

내 영상의 조회수를 높이려면 영상이 많은 사람에게 추천되도록 알고리즘을 전략적으로 활용해야 합니다. 알고리즘을 똑똑하게 관리하는 노하우 6가지를 소개합니다.

❶ 꾸준히 업로드하고 콘텐츠 일관성 유지하기

유튜브 알고리즘의 신뢰를 얻으려면 콘텐츠를 꾸준히 업로드하는 것이 기본입니다. 콘텐츠를 업로드하면서 내 채널이 신뢰할 만하다는 것을 유튜브에게 인지시키는 것이죠. 또한 콘텐츠를 규칙적으로 게시하면 알고리즘이 내 채널을 더 자주 추천해 줍니다. 그리고 주제와 콘텐츠 스타일을 일관성 있게 유지하면 나에게 맞는 시청자들이 내 채널을 기억하고 다시 내 콘텐츠를 시청하게 됩니다.

❷ 알고리즘 작동 원리 이해하기

앞서 살펴본 알고리즘 작동 원리를 이해해야 합니다. 유튜브 알고리즘은 관심사, 좋아요, 댓글, 공유 등을 분석하여 사용자에게 맞춤형 콘텐츠를 추천해 주는 원리를 기반으로 합니다. 결국 참여 유도 요소를 콘텐츠 내에 넣어 사용자를 이끌어 낼 수 있습니다.

❸ 분석 도구 활용하기

유튜브 스튜디오(studio.youtube.com)의 분석 도구를 적극 활용합니다. 어떤 콘텐츠가 인기가 많고 내 시청자가 유튜브를 이용하는 시간대가 언제인지, 어떤 부분에서 시청자 이탈이 발생하는지 분석하여 향후 콘텐츠 제작에 반영하면 알고리즘의 호응을 얻기 쉽습니다.

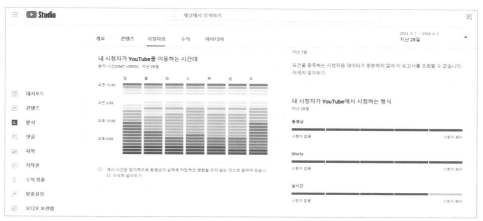

유튜브 스튜디오 분석 화면(studio.youtube.com)

유튜브 스튜디오 분석 화면 페이지와 관련된 설명은 오른쪽 QR코드를 스캔하면 자세히 살펴볼 수 있습니다. 유튜브 스튜디오에서 제공하는 분석 자료는 내 채널과 콘텐츠를 더 체계적으로 관리하는 데 도움이 됩니다.

❹ 트렌드 활용하기

현재 알고리즘에서 밀어주는 콘텐츠나 유행하는 주제, 챌린지를 활용하여 쇼츠를 제작하면 더 많은 사람들이 시청하도록 유도할 수 있습니다. 트렌드에 맞춘 콘텐츠는 알고리즘이 추천할 가능성이 높아집니다. 03-2절에서 다룬 알고리즘이 밀어주는 쇼츠 주제 찾는 방법을 참고하세요.

❺ 키워드와 제목 최적화하기

적절한 키워드와 끌리는 제목을 사용합니다. 키워드는 여러분의 콘텐츠를 분류하고 추천하는 데 도움을 주며 SEO 점수를 향상해 줍니다. 쇼츠 제목은 키워드로도 사용할 수 있으며, 유튜브를 검색하여 콘텐츠를 찾는 시청자의 클릭을 유도하는 첫 번째 요소입니다. 또한 매력적인 제목은 사람들이 내 콘텐츠에 더 머무르게 합니다.

⑥ 시청자가 움직이게 하기

시청자에게 행동을 유도하는 것을 콜 투 액션(call to action, CTA)이라고 합니다. 영상 속 센스 있는 메시지로 구독을 유도하거나 다른 영상을 추천하면서 시청자가 내 영상을 더 많이 보도록 이끄는 것이죠. 유튜브 쇼츠 알고리즘을 내 편으로 만드는 것은 이러한 전략을 꾸준하게 적용하여 내 콘텐츠를 점점 더 많은 시청자에게 노출하는 것입니다.

하면 된다! } 내 유튜브를 알고리즘 학습시키기

앞서 살펴본 알고리즘 원리를 활용해 보겠습니다. 내가 만들 영상의 주제와 비슷한 영상에 '좋아요'를 누르는 등 알고리즘을 학습시키면 벤치마킹할 만한 영상이 내 유튜브에 많이 나타나게 조작할 수 있습니다. 특히 채널을 개설한 초기 시점에 이 행위를 반복하면 알고리즘이 유사한 사람들에게 내 영상을 노출해 주기까지 하니 안 할 이유가 없습니다. 그리고 이미 여러분은 03-2절 실습에서 유튜브 알고리즘이 밀어주는 콘텐츠를 알아볼 때 알고리즘을 학습시켜 보았어요. 이 실습에서 **01** ~ **02** 는 PC와 스마트폰 중 어떤 장비를 사용해도 상관없고, 이후 단계는 PC를 이용하세요.

01 ❶ 유튜브에 접속한 뒤 왼쪽 메뉴에서 [Shorts]를 클릭합니다. ❷ 영상을 보다가 내가 관심 있거나 앞으로 만들고 싶은 영상과 유사한 콘텐츠를 발견하면 [좋아요]를 누릅니다. 추가로 댓글을 달거나 공유, 저장을 해도 좋습니다.

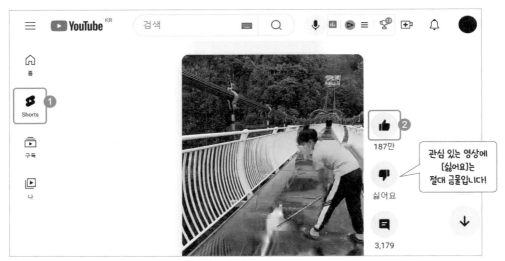

출처: 유튜브 'GS PACKER'

02 [Shorts] 탭에 관심 있는 영상이 나오지 않는다면 영상의 키워드를 직접 검색합니다. ❶ 관심사 기반 키워드로 검색하고 ❷ 관심 있는 영상에 [좋아요]를 눌러 내가 관심 있는 영상을 알립니다.

출처: 유튜브 '꿀양'

03 유튜브 스튜디오(studio.youtube.com)에 접속하고 [설정 → 채널 → 기본 정보]에 들어갑니다.

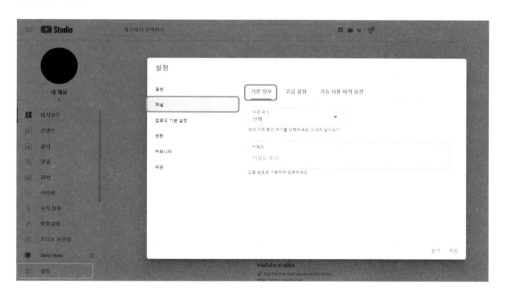

04 키워드 작성하기

❶ [키워드]에 대표 키워드를 500자 이내로 작성합니다. 어떤 키워드를 써야 할지 막막하다면 가장 큰 카테고리의 키워드를 먼저 작성하고 좁은 범위의 키워드를 추가 작성합니다. 유튜브가 내 채널을 더 상세하게 인식할 수 있도록 키워드를 5개 이상 작성한 후 ❷ [저장]을 클릭합니다.

05 영상 15개 업로드하기

일관된 카테고리로 영상 콘텐츠를 15개 이상 업로드합니다. 예를 들어 요리 관련 콘텐츠라면 요리 카테고리의 영상을 업로드하여 내 채널의 속성을 학습시킵니다. 일주일 동안 최소 1개씩은 업로드하겠다는 마음으로 같은 주제로 만든 콘텐츠를 업로드합니다.

유튜브 쇼츠 알고리즘을 내 편으로 만드는 것은 단순한 기술 전략이 아닙니다. 일관된 업로드와 시청자 참여 유도, 데이터 분석으로 알고리즘의 특성을 이해하고 최적화해야 합니다. '시청자가 내 콘텐츠에 관심을 가지기 시작하면서부터'가 진짜 시작입니다. 지속적인 소통, 진정성 있는 콘텐츠를 업로드하며 더 많은 조회수와 팬이 되는 구독자를 확보하면 단연코 대규모 채널로 성장할 수 있습니다.

▶ 채널·콘텐츠 분석 자료를 알고리즘에 활용하는 7가지 방법

유튜브 스튜디오에서는 내 채널과 콘텐츠를 누가 많이 시청했고 영상에 어떻게 유입되었는지 등 알고리즘을 활용할 수 있는 분석 자료를 제공합니다. 알고리즘을 최적화하려면 분석 자료를 어떻게 활용해야 하는지 종합해서 살펴보겠습니다.

❶ 평균 시청 지속 시간과 평균 조회율을 지표로 활용한다

평균 시청 지속 시간은 사용자가 쇼츠를 얼마나 꾸준히 시청했는지를 뜻하고 평균 조회율은 시청자가 영상의 몇 퍼센트를 시청했는지를 나타내는 비율입니다. 시청 지속 시간과 조회율이 높은 콘텐츠는 더 많은 사용자에게 추천될 가능성이 높습니다. 유튜브 알고리즘은 시청 지속 시간과 조회율을 시청자들이 해당 콘텐츠를 흥미롭게 느끼고 있다는 지표로 해석하기 때문이죠.

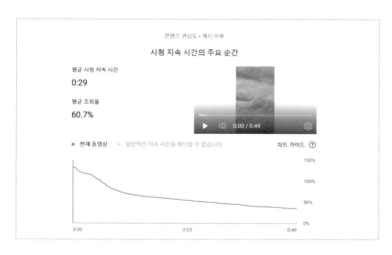

② 시청자 참여도를 늘린다

유튜브는 시청자의 콘텐츠 참여도를 알고리즘 물타기의 중요한 기준으로 삼습니다. 참여도를 판단하는 항목에는 '좋아요', '댓글', '공유', '구독' 등이 해당합니다. 높은 참여도는 시청자들이 이 콘텐츠에 관심이 많다는 것을 의미하므로 참여도가 높은 쇼츠는 더 많은 사용자에게 추천될 가능성이 높습니다. 유튜브 앱의 [내 동영상]에서 콘텐츠를 선택하고 [분석]을 누르면 시청자의 활동과 특징을 확인할 수 있습니다.

▶ 유튜브가 점점 모바일 중심 UI로 개편되고 있습니다. PC에서는 여러 차례를 거쳐 좋아요, 댓글, 공유 수를 볼 수 있으므로 모바일 앱으로 참여도를 확인하는 것이 편리합니다.

③ 관심사 기반 콘텐츠를 올린다

시청자가 어떤 콘텐츠를 선호하는지를 파악할 땐 시청자 데이터를 분석합니다. 예를 들어 특정 주제나 스타일의 쇼츠를 자주 시청하거나 '좋아요'를 누른 사용자는 비슷한 유형의 콘텐츠를 더 많이 추천받습니다. 이것은 유튜브가 사용자 관심사에 기반한 경험을 제공하는 퍼스널(personal) 추천 시스템을 사용하기 때문입니다. 유튜브 알고리즘은 비슷한 유형의 콘텐츠와 함께 관심을 보일 만한 콘텐츠, 지금 인기 있는 콘텐츠를 추천해 줍니다. 유튜브 스튜디오의 [분석 → 시청자층]에서 내 시청자가 시청하는 채널과 콘텐츠를 확인할 수 있습니다.

▶ 시청자를 체계적으로 분석하는 방법은 06-2절에서 다룹니다.

❹ 내 채널의 시청자를 분석한다

유튜브 쇼츠에서 성과를 내려면 무엇보다 내 채널의 시청자를 정확히 파악하는 것이 중요합니다. 시청자가 자주 시청하는 채널을 분석하면 어떤 콘텐츠와 스타일이 인기 있는지 참고할 수 있고, 경쟁 채널과의 차별점을 만들 수도 있습니다. 또한 시청자가 자주 보는 콘텐츠 유형을 분석하면 시청자가 관심 있어 하는 주제를 파악해 더 효과적인 쇼츠를 기획할 수 있습니다.

유튜브 이용 시간대 분석 자료를 활용하면 최적의 업로드 시간을 정할 수 있고, 연령대나 기기 유형을 파악하면 편집 스타일을 조정할 수도 있겠죠. 이렇게 시청자 데이터를 활용하면 쇼츠의 도달률과 조회수를 더욱 효과적으로 높일 수 있습니다.

❺ 최신 트렌드를 반영한 새로운 콘텐츠를 올린다

유튜브 쇼츠는 새로운 콘텐츠의 트렌드를 선호합니다. 최신 내용의 쇼츠가 업로드되면 알고리즘은 이를 빠르게 분석하고 시청자의 반응을 모니터링합니다. 새로운 콘텐츠를 업로드한 이후 초반 반응이 긍정적이면 유튜브 알고리즘은 해당 쇼츠를 더 많은 시청자에게 추천합니다.

❻ 메타 데이터를 꼼꼼히 작성한다

메타 데이터(meta data)란 대량의 정보 가운데 필요한 정보를 효율적으로 찾기 위해 일정한 규칙에 따라 콘텐츠에 부여하는 데이터를 말합니다. 즉, 콘텐츠의 제목, 설명, 태그와 같은 메타 데이터가 알고리즘 작동에 중요한 역할을 합니다. 유튜브가 콘텐츠의 주제와 관련성을 파악하는 데 도움을 주기 때문입니다. 잘 작성된(연결된) 메타 데이터는 알고리즘이 콘텐츠를 적절한 시청자에게 추천하는 데 유리하게 작용합니다.

❼ 시청자의 피드백을 적극 수용한다

유튜브는 시청자의 피드백을 반영해 알고리즘을 지속적으로 개선합니다. 예를 들어 사용자가 특정 쇼츠를 '관심 없음'으로 표시하거나 부정적인 피드백을 제공하면, 알고리즘은 부정적인 피드백을 제공한 시청자뿐만 아니라 다른 시청자에게도 해당 콘텐츠를 잘 추천하지 않습니다. 반면 긍정적인 피드백을 받은 콘텐츠는 시청자에게 노출(추천)될 확률이 올라갑니다.

여기서 소개한 유튜브 쇼츠 알고리즘의 작동 원리를 이해하고 분석 데이터를 활용할 줄 알면 내 콘텐츠가 더 많은 시청자에게 도달할 수 있도록 전략을 세울 수 있습니다. 알고리즘의 선택을 받는다면 더 많은 조회수와 참여도를 얻을 수 있을 것입니다.

06-2

타깃 시청자를 저격하는 채널로 나아가기

앞서 알고리즘을 만들 때 시청자의 정보를 알아야 한다고 했습니다. 그렇다면 내 유튜브 채널을 보는 시청자는 누구인지 어떻게 알 수 있을까요? 그리고 그 시청자들이 유입할 수 있는 영상은 어떻게 만들까요? 이번에는 내 채널을 사랑해 주는 시청자를 분석하고 그들을 위한 영상을 만드는 방법을 알아보겠습니다.

▶ 내 채널을 사랑하는 시청자는 누굴까? – 분석 데이터 확인하기

쇼츠에서 두각을 나타내려면 업로드 시간과 시청자 분석을 토대로 한 타기팅 (targeting), 키워드 반영 등 전략이 필요합니다. 유튜브 스튜디오에 접속한 다음, 왼쪽 메뉴에서 [분석 → 시청자층]에 들어가 내 영상의 시청자와 관련된 다양한 분석 데이터를 샅샅이 파헤쳐 보겠습니다.

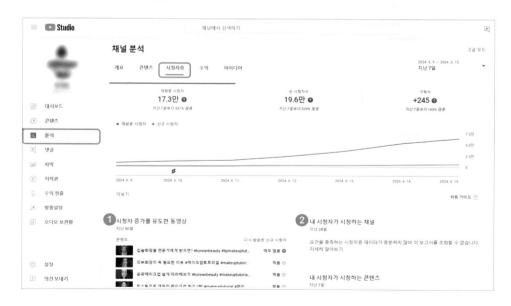

내 채널과 영상에 관심 있는 시청자가 누구인지도 확인할 수 있습니다. 단, 쇼츠 영상을 10개 이상 올려야 의미 있는 분석 데이터를 볼 수 있으므로, 채널에 업로드한 영상이 없거나 채널을 만든 지 얼마 되지 않았다면 시청자 데이터가 충분하지 않아서 데이터가 표시되지 않을 수 있습니다.

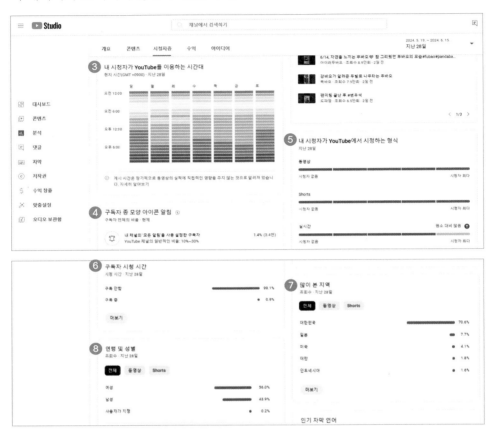

❶ 시청자 증가를 유도한 동영상: 내 채널에서 시청자를 증가시킨 콘텐츠를 확인하여 시청자에게 좋은 반응을 보이는 비슷한 유형의 콘텐츠를 제작할 수 있습니다.

❷ 내 시청자가 시청하는 채널/콘텐츠: 내 시청자가 어떤 영상에 흥미를 가지고 있는지 파악하여 콘텐츠 아이디어를 얻을 수 있습니다.

❸ 내 시청자가 YouTube를 이용하는 시간대: 요일별, 시간대별로 데이터를 확인합니다. 색이 진할수록 내 채널의 시청자가 더 많이 이용하는 시간대입니다. 그래프에 마우스를 가져다 대면 시간대를 볼 수 있습니다. 내 시청자가 유튜브를 이용하는 시간대에 맞춰서 콘텐츠를 업로드하면 내 채널에 알림을 켠 구독자들이 내 영상을 시청할 확률을 높일 수 있습니다.

❹ 구독자 종 모양 아이콘 알림: 내 채널의 알림을 받는 구독자 비율을 확인할 수 있습니다. 내 채널의

전체 알림을 설정한 구독자 비율이 낮다면 콘텐츠나 설명란에 사용자에게 '모두 알림 받기를 눌러 주세요!' 등 콜 투 액션을 적어 알림 신청 비율을 끌어올릴 수 있습니다.

❺ 내 시청자가 YouTube에서 시청하는 형식: 사용자가 내 채널의 동영상, 쇼츠, 실시간 중에 어떤 형식의 영상을 시청하는지 확인합니다.

❻ 구독자 시청 시간: 내 채널 시청자의 평균 시청 지속 시간을 알 수 있습니다. 시청 시간이 짧다면 내 콘텐츠를 더 집중해서 볼 수 있도록 영상의 초반 3초에 집중해야 합니다. [더보기]를 클릭하면 정보를 더 상세하게 볼 수 있습니다.

❼ 많이 본 지역: 많이 본 지역에 따라 해당 국가 언어로 된 자막을 달고, 영상 제목이나 태그 역시 그 지역에 언어를 넣으면 다양한 국가의 사용자가 검색하고 시청하기에 더욱 편리해집니다.

❽ 연령 및 성별: 내 채널을 시청하는 사람들의 연령대와 성별을 나타냅니다. 비율이 높은 시청자들의 나이대에 맞는 관심사가 무엇인지 파악하여 이 데이터를 기반으로 콘텐츠를 만듭니다. 예를 들어 40대가 많다면 40대가 관심 있어 하는 콘텐츠 유형을 위주로 인기 있는 영상을 분석해 볼 수 있습니다.

더 상세한 분석 데이터는 그래프 왼쪽 하단에 있는 **[더보기]**를 클릭하면 확인할 수 있습니다.

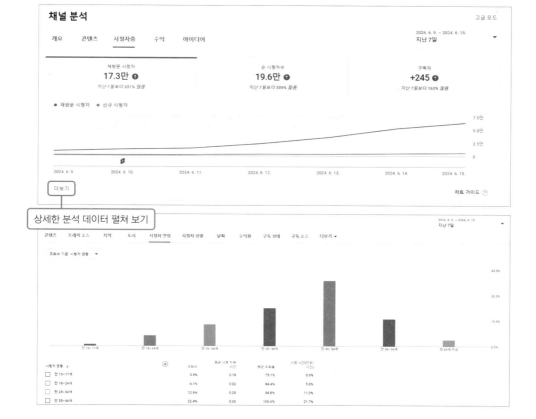

하면 된다! } 내 시청자를 공략하는 영상 업로드하기

유튜브 채널을 개설하고 나서 초기에는 쇼츠 영상을 하루에 1번 이상 업로드할 것을 추천합니다. 단, 업로드하는 영상이 이전에 업로드한 다른 영상의 조회수에 영향을 미칠 수 있으니 영상을 한꺼번에 여러 개 올리는 것보다 간격을 두는 것이 효과적입니다.

01 영상 업로드하기

유튜브 앱을 열고 + 아이콘을 눌러 영상을 업로드합니다.

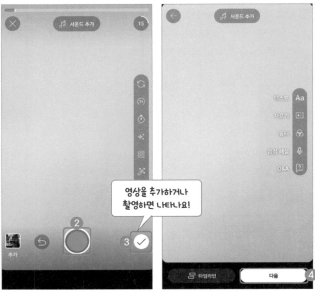

02 영상 정보 입력하기

❶ 연필 모양 아이콘 ✎ 을 탭해서 섬네일을 변경합니다. ❷ 영상 제목은 사람들이 궁금해하거나 끌리는 카피로 작성합니다. 키워드를 추가하면 검색하는 사람들의 유입률을 높일 수 있습니다.

03 관련 동영상 연결해서 시청자를 채널에 불러오기

관련 동영상을 설정하면 재생되는 쇼츠 콘텐츠의 제목 위에 해당 영상이 나타납니다. 내 채널에 있는 영상 가운데 1개를 선택할 수 있으며 내 채널의 다른 콘텐츠에 효과적으로 접근하게 할 수 있습니다.

관련 동영상에는 어떤 영상을 넣어야 하나요?

관련 동영상은 쇼츠의 원본 영상이나 관련된 주제의 영상으로 설정하는 편이 좋습니다. 보통 쇼츠 영상을 보고 콘텐츠에 관심이 있는 경우 관련 동영상을 연달아 시청하기 때문이죠.

출처: 유튜브 '냥이아빠'

04 리믹스 및 라벨 설정하기

❶ 업로드하는 콘텐츠의 동영상 및 오디오 리믹스를 기본 허용 옵션으로 설정합니다. 기본 허용으로 두면 내 영상을 다른 사람이 자유롭게 가공하여 사용할 수 있습니다..

❷ 유료 프로모션 라벨은 해당 콘텐츠가 유료 광고를 포함하는 경우 반드시 추가해서 경제적 이해관계를 명확하게 표기해야 합니다. 그렇지 않으면 표시 광고법에 위배될 수 있습니다.

❸ [Shorts 동영상 업로드]를 탭해서 영상을 올립니다.

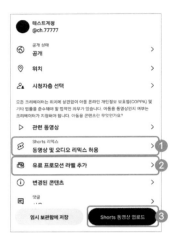

05 업로드 후 정보 수정하기

❶ 영상을 업로드한 후에는 [내 페이지 → 내 동영상]에서 정보를 관리할 수 있습니다.
❷ 영상 오른쪽에 있는 점 3개 아이콘 ⋮을 누른 뒤 ❸ [수정]을 선택하면 ❹ 섬네일을 제외하고 제목, 설명, 태그 등을 변경할 수 있습니다. 태그는 [Enter] 또는 띄어쓰기를 이용해서 추가합니다. ❺ 변경을 완료하면 [저장]을 탭합니다.

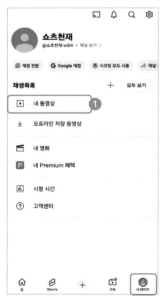
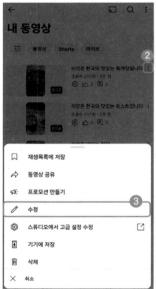

하면 된다! } PC에서 영상 업로드하기

영상의 크기가 매우 커서 모바일에 저장할 수 없다면 PC에서 영상을 업로드하면 됩니다. 단, 섬네일을 따로 설정할 수 없다는 점을 알아 두세요.

01 영상 업로드하기

❶ 유튜브 스튜디오(studio.youtube.com)에 접속한 뒤 [만들기 → 동영상 업로드]를 클릭합니다. ❷ [파일 선택]을 눌러 동영상 파일을 추가합니다. 동영상 파일을 화면으로 드래그 앤 드롭해도 추가할 수 있습니다.

02 영상 정보 입력하기

❶ 영상 제목과 키워드를 입력합니다. ❷ 쇼츠는 보통 설명란을 잘 작성하지 않지만 시청자에게 동영상을 설명할 부분이 있다면 추가합니다. ❸ 스크롤을 아래로 내려 [자세히 보기]를 누르고 태그를 추가합니다. 태그는 쉼표(,) 또는 [Enter]를 이용해서 구분합니다.

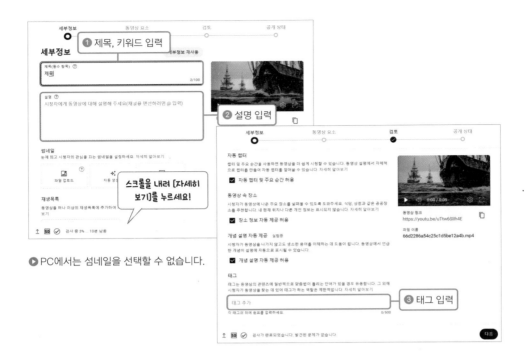

▶ PC에서는 섬네일을 선택할 수 없습니다.

03 ❶ 스크롤을 내려 라이선스와 Shorts 리믹스를 설정합니다. 다른 사람이 내 영상을 활용할 수 있도록 둘 다 기본 상태로 설정해 두겠습니다. ❷ [다음]을 클릭합니다.

▶ [동영상 요소] 단계와 [검토] 단계는 연이어 [다음]을 클릭해서 [공개 상태] 단계까지 이동합니다.

04 영상 업로드 저장 또는 예약하기

영상을 업로드하는 시간이 초기 조회수에 영향을 미칠 수 있습니다. 내 채널의 구독자에게 추천될 수 있기 때문인데요. [유튜브 스튜디오 → 분석 → 시청자층 → 내 시청자가 YouTube를 이용하는 시간대]를 참고해서 ❶ 공개 예약 시간을 설정하고 ❷ [게시]를 클릭합니다.

▶ 유튜브 스튜디오에서 '시청자가 YouTube를 이용하는 시간대'를 확인하는 방법은 186쪽을 참고하세요!

? 궁금해요! 아직 데이터가 쌓이지 않은 단계에서는 어떤 시간대를 추천하나요?

구독자가 많고 고정 시청층이 있다면 유튜브 스튜디오에서 분석해 준 데이터를 활용하는 것이 좋지만, 채널을 개설한 지 얼마 안 되었다면 우선 **국내 시청자의 이용 패턴**을 따르는 게 유리할 수 있습니다. 우선 출근·등교 시간인 **오전 7~9시**에는 직장인이나 학생들이 이동 중에 가볍게 유튜브를 시청하는 경우가 많아 영상이 빠르게 확산된다는 장점이 있습니다. 또, 하루 종일 추천을 받을 기회도 많아지죠. 한편 퇴근 후 지하철을 이용하거나 집에서 휴식을 취하는 **오후 6~9시**는 유튜브 시청자 수가 가장 많은 피크 시간으로, 상대적으로 더 많은 시청자를 확보할 가능성이 높습니다.

하나 명심할 것은 유튜브 알고리즘이 '일정한 패턴'을 좋아한다는 것입니다. **매번 같은 시간대**에 올리는 게 중요해요. 만약 하루에 여러 개의 영상을 올릴 예정이라면 두 시간대에 각각 올려 조회수를 분석해 보는 것도 현명한 방법입니다.

상위 노출은
쇼츠 SEO로 종결!

▶ SEO? 왜 해야 하나요?

SEO는 Search Engine Optimization의 줄임말이며 검색 엔진 최적화를 의미합니다.
유튜브에서 SEO는 내 영상이 유튜브 검색 결과에서 더 높은 순위를 차지하도록 개선
하는 과정이며, SEO 점수를 높이면 유튜브에 키워드를 검색했을 때 영상을 상위 노출
하는 데 도움을 얻을 수 있습니다.

유튜브에서 SEO를 높이는 최선의 방법은 영상마다 제목과 설명, 태그를 적절하게
설정하는 것인데요. 제목에 핵심 키워드를 3개 이상 입력하고 설명에도 동일한 키워드
를 3개 이상 입력하면 됩니다. 태그를 300자 이상으로 작성하는 것 또한 중요합니다.
다음 소개하는 해외 대형 유튜브 채널에서도 태그, 제목, 설명 등을 적극 활용하여
SEO 점수를 극대화하는 것을 볼 수 있습니다.

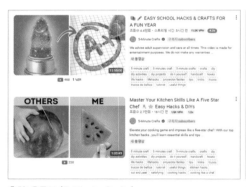

출처: 유튜브 '5-Minute Crafts'

출처: 유튜브 'WarnerBrosPicturesLA', 'xQc_Clips'

이 밖에도 영상의 클릭률과 시청 유지율이 높으면 더 많이 추천되는 경향이 있습니다. SEO를 효과적으로 사용하면 다음과 같은 여러 이점이 있습니다.

❶ 가시성과 브랜드 인지도가 높아진다

SEO는 웹 사이트가 검색 엔진에서 높은 순위를 차지하도록 합니다. 그 결과 더 많은 사용자가 웹 사이트를 방문하게 하며, 브랜드 인지도를 높이는 데 도움이 됩니다.

❷ 타깃 트래픽이 증가한다

검색 엔진을 통해 웹 사이트에 도달하는 방문자는 보통 특정 정보나 서비스를 찾는 경우가 많습니다. SEO를 활용해 관련성 높은 키워드로 최적화된 콘텐츠를 제공하여 해당 콘텐츠에 관심 있는 방문자를 유치할 수 있습니다.
유튜브 스튜디오의 [분석 → 콘텐츠 → 시청자가 내 Shorts 동영상을 찾는 방법]에서 YouTube 검색 비중이 높다면 타깃 트래픽이 높다는 뜻입니다.

❸ 비용 효율이 높아진다

SEO는 비교적 저렴한 마케팅 전략으로, 특히 장기적으로 볼 때 PPC(클릭당 비용) 광고 등 다른 온라인 광고 방법보다 비용 대비 효과적입니다. 최적화된 웹 사이트는 지속적으로 무료 트래픽을 얻을 수 있습니다.

④ 사용자 경험이 향상된다

SEO에는 웹 사이트의 사용성을 개선하는 요소가 포함됩니다. 예를 들어 빠른 로딩 속도, 모바일 최적화, 사용하기 쉬운 내비게이션 등은 사용자 경험을 향상하고, 방문자가 웹 사이트에 머무는 시간을 늘립니다.

⑤ 경쟁 우위를 확보하기에 유리하다

효과적인 SEO 전략은 경쟁사보다 우위를 차지할 수 있게 합니다. 검색 결과에서 상위에 위치하여 잠재 고객에게 먼저 다가갈 기회를 갖게 됩니다.

하면 된다! } 유튜브에서 SEO 점수 올리기

이번 실습은 입력하는 텍스트가 많으므로 PC를 사용하는 것이 편리합니다. 유튜브 스튜디오(studio.youtube.com)에 접속한 후 이어서 실습하세요.

01 유튜브 스튜디오에 동영상 업로드하기

❶ 오른쪽 상단에서 [만들기 → 동영상 업로드]를 선택한 후 ❷ [파일 선택]을 클릭해 내 동영상 파일을 업로드합니다.

02 제목, 설명, 태그 작성하기

❶ 제목을 입력하면서 해시태그를 추가하고 ❷ 설명란에도 제목에 작성한 해시태그를 1개 이상 작성합니다. ❸ 화면 오른쪽 상단에 나타나는 [Actionable SEO Score]는 비드아이큐에서 제공하는 SEO 점수로, 크롬 확장 프로그램이 설치되어 있으면 자동으로 보입니다. ❹ 태그를 추가하기 위해 [자세히 보기]를 클릭합니다.

03 태그 최적화로 SEO 점수 올리기

태그는 200자 이상 450자 미만으로 작성해야 SEO 최적화에 효과적입니다. 비드아이큐 무료 버전에서 태그 최적화 점수는 최대 50점까지 제공되며, 이를 충족하기만 해도 동영상의 SEO 점수를 크게 높여 동영상의 도달 범위를 크게 확대할 수 있습니다.

▶ 태그는 검색 엔진이 동영상의 내용을 이해하고 노출을 늘리는 핵심 요소입니다. 적절한 길이로 작성하되 적합한 키워드로 구성해 잠재력을 최대한 활용하는 것이 중요합니다.

원 소스 멀티 유즈!
다른 플랫폼으로 확장하기

▶ 원 소스 멀티 유즈, 왜 필요할까?

원 소스 멀티 유즈(one source & multi-use)란 콘텐츠 하나를 다양한 형태로 재가공하거나 동일한 형태로 여러 플랫폼에서 재사용하는 전략입니다. 편집 시간을 많이 들이지 않아도 플랫폼에서 제공하는 형식에 맞춰 올리기만 하면 각 플랫폼을 이용하는 시청자에게 자동으로 노출되죠. 물론 플랫폼마다 사용자 연령대와 관심사가 다르고 모인 사람들의 성향도 다양하기 때문에 콘텐츠별로 영상을 향한 반응이 엇갈릴수 있습니다. 사실상 이 전략은 콘텐츠의 활용도를 극대화하고, 다양한 타깃층과 연결될 수 있는 효과적인 방법입니다.

다음은 세로로 긴 형태의 숏폼 영상을 유튜브 쇼츠, 인스타그램 릴스, 틱톡에 올렸을 때 결과 화면입니다.

원본 동영상   유튜브 쇼츠   인스타그램 릴스   틱톡

원 소스 멀티 유즈의 장점을 정리하면 다음과 같습니다.

❶ 다양한 플랫폼으로 확장할 수 있다

같은 콘텐츠를 다양한 플랫폼에 활용하면 더 많은 시청자에게 노출할 수 있습니다. 예를 들어 유튜브 쇼츠 콘텐츠를 인스타그램 릴스나 틱톡에 올리면 그 플랫폼을 사용하는 다른 시청자들에게 도달할 수 있는 기회가 증가합니다.

❷ 시간과 비용을 절감할 수 있다

새로운 콘텐츠를 따로 만들 필요 없이 콘텐츠 하나를 동일한 형태나 플랫폼에 맞춰 약간만 변형해서 업로드할 수 있으므로 제작 시간과 비용을 크게 절감할 수 있습니다. 콘텐츠 제작에 들어가는 자원을 최소화하는 것입니다.

❸ 콘텐츠 가치를 높일 수 있다

한번 제작한 콘텐츠를 여러 플랫폼에 사용하면 콘텐츠의 수명과 가치를 극대화할 수 있고 동일한 아이디어로 다양한 방면에서 수익을 창출할 수 있습니다. 채널의 브랜드 이미지를 높이는 데에도 도움이 됩니다.

쇼츠 영상을 원 소스 멀티 유즈 할 수 있는 또 다른 대표적인 숏폼 SNS로 릴스와 틱톡이 있습니다. 릴스와 틱톡의 특징을 살펴보고 같은 영상을 함께 올려 보겠습니다.

▶ 바이럴 콘텐츠에 최적화된 SNS, 릴스!

인스타그램 릴스(Reels)는 짧고 재밌는 영상을 만들고 공유할 수 있는 인스타그램 내 기능으로, 인스타그램에 로그인하면 바로 접근할 수 있습니다. 유튜브 쇼츠와 비슷한 형식이며 최대 3분 길이의 짧은 동영상을 쉽게 제작할 수 있어요. 특히 릴스는 트렌드를 쉽게 따라 할 수 있는

인스타그램
릴스 로고

영상 포맷과 필터, 효과, 오디오를 직관적으로 적용할 수 있는 간편한 편집 기능 덕분에 바이럴 콘텐츠를 만들기에 유리합니다.

무엇보다 릴스는 검색어 추천 탭과 피드에도 추천되므로 더 많은 사용자에게 노출될 가능성이 높은 편인데요. 알고리즘에 따라 팔로워가 아닌 사용자에게도 쉽게 노출될 수 있어서 더 많은 시청자에게 도달할 수 있다는 강력한 장점이 있습니다.

한편 인스타그램을 비즈니스 계정으로 사용한다면 심사를 받아 쇼핑 기능을 사용할 수 있습니다. 따라서 릴스는 제품을 홍보하고 판매하는 데에도 효과적이라고 할 수 있어요. 상업적으로도 활용도가 높은 플랫폼입니다.

하면 된다! } 릴스에 영상 업로드해 보기

스마트폰에서 인스타그램 앱을 내려받고 회원 가입을 하면 바로 릴스에 영상을 업로드할 수 있습니다.

인스타그램 로고

01 ❶ 인스타그램에 접속해 화면 하단에서 ⊕ 아이콘을 탭한 뒤 ❷ 새로운 릴스 창이 뜨면 [릴스]를 선택합니다.

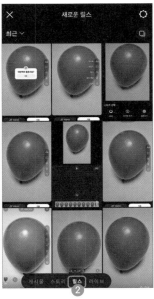

▶ 아래쪽으로 스와이프하면 영상을 바로 촬영해서 올릴 수 있는 촬영 화면이 나타납니다.

02 ❶ 업로드할 동영상을 선택하고 ❷ 오른쪽 하단에서 [다음]을 탭합니다. ❸ [동영상 편집]을 누르면 편집 화면으로 이동할 수 있습니다. ❹ 업로드할 영상 구간을 설정하고 ❺ ➔ 아이콘을 누릅니다.

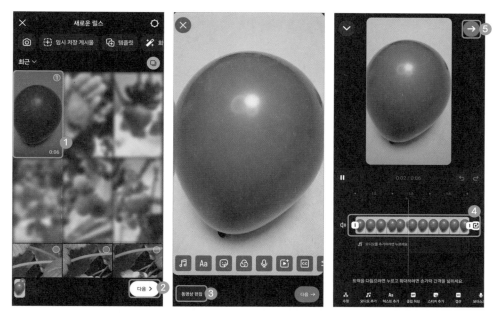

▶ 가운데 화면에서 [동영상 편집]이 아닌 [다음]을 누르면 편집 단계 없이 06 에 있는 [새로운 릴스] 화면이 나타납니다.

03 ❶ [오디오 추가]를 눌러 ❷ 릴스에 적용할 음악을 선택하고 ❸ [볼륨]을 조절합니다. ❹ [완료]를 탭해 설정을 저장합니다.

▶ 릴스 영상은 최대 3분까지 올릴 수 있지만 음악 오디오는 90초까지만 추가할 수 있습니다. 만약 90초가 넘는 음악 오디오를 추가하고 싶다면 캡컷에서 미리 편집하는 것을 추천합니다.

04 ❶ 다시 한번 [동영상 편집]을 탭합니다. ❷ 영상 타임라인을 선택하고 ❸ [속도]
를 탭합니다. ❹ 영상 속도를 변경할 수 있는 화면이 나타나면 슬라이더로 조절한 후
❺ 적용 아이콘 ⓥ을 탭해 저장합니다.

 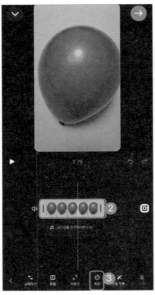 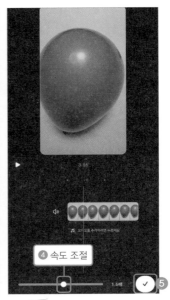

05 ❶ 이 외에도 텍스트나 스티커 등을 추가해 영상
을 편집할 수 있습니다. ❷ 영상 편집을 완료했다면
➔ 아이콘을 눌러 다음 화면으로 이동합니다.

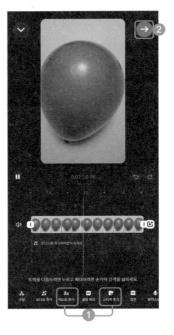

06 섬네일을 수정할 수 있는 [새로운 릴스] 화면이 나타납니다. ❶ 커버를 편집할 수 있는 [커버 수정]을 탭해서 ❷ 섬네일로 설정할 이미지를 선택하고 ❸ [완료]를 탭합니다. ❹ 영상을 설명하는 간단한 문구나 설문 등을 작성하고 ❺ [공유하기]를 탭합니다. ❻ 업로드한 영상을 확인합니다.

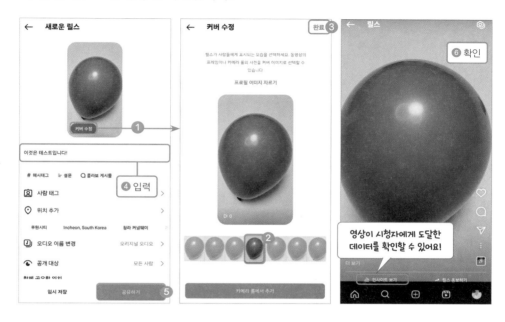

▶ 15초 만에 사로잡는 영상 플랫폼, 틱톡!

틱톡(TikTok)은 짧은 동영상을 제작하고 공유할 수 있는 플랫폼입니다. 동영상을 최대 3분까지 업로드할 수 있으나, 짧은 동영상을 유행시킨 것이 틱톡이라고 볼 수 있을 정도로 틱톡의 핵심은 짧은 동영상입니다. 틱톡에서는 음악, 효과, 필터 등을 손쉽게 추가할 수 있습니다.

틱톡 로고

틱톡은 특히 챌린지나 밈에 참여하고 빠르게 확산되는 문화가 조성되어 있습니다. 콘텐츠가 빠르게 확산되면서 동일한 콘텐츠를 반복 재생하는 특징이 많이 나타납니다. 그 덕에 많은 사용자들이 틱톡에서 바이럴 콘텐츠를 제작하고 있으며, 특히 10~20대가 콘텐츠를 빠르게 소비하고 쉽게 참여하도록 유도하며 큰 인기를 끌고 있습니다.

틱톡은 행동 패턴과 개인의 관심사를 분석해서 맞춤형 영상을 제공합니다. 관심사에 맞는 영상을 지속적으로 보여 주기 때문에 콘텐츠가 빠르게 확산됩니다. 다른 플랫폼에 비해 조회수가 잘 나오는 편이라는 의견도 꽤 있습니다.

하면 된다! } 틱톡에 영상 업로드해 보기

스마트폰에서 틱톡 앱을 내려받고 회원 가입을 합니다. 구글, 카카오톡 등의 계정으로도 손쉽게 가입할 수 있습니다.

01 ❶ 틱톡에 접속해 화면 하단에서 ➕ 아이콘을 누른 다음 ❷ [갤러리]를 탭합니다.

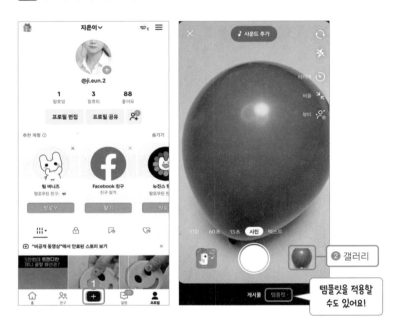

02 ① 업로드할 동영상을 선택한 후 [다음]을 탭합니다. ② 가운데 화면이 나타나면 한 번 더 [다음]을 탭합니다. [내 스토리]를 누르면 설명과 해시태그 없이 바로 업로드됩니다. ③ 설명, 해시태그 등을 입력하고 ④ [게시]를 탭해 영상을 업로드합니다.

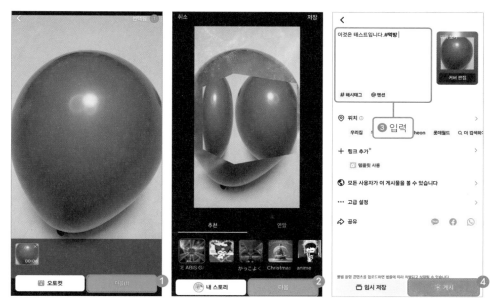

▶ [오토컷]을 누르면 영상에 어울리는 템플릿을 자동으로 적용해 줍니다.

유튜브 쇼츠에 올리려고 제작한 영상을 릴스와 틱톡에도 함께 올린다면 더 많은 시청자 수를 확보할 수 있습니다. 플랫폼마다 알고리즘이 다르긴 하지만 이 방법은 투자하는 시간 대비 노출되는 양을 손쉽게 늘릴 수 있어서 매우 효율적입니다.

영상 체류 시간을 늘리는 8가지 법칙

유튜브 쇼츠 체류 시간을 늘리면 알고리즘에서 더 좋은 평가를 받고 더 많은 시청자를 끌어들일 수 있습니다. 인기 있는 유튜버들은 과연 어떤 방법으로 쇼츠 체류 시간을 늘리고 있을까요? 영상 체류 시간을 늘리는 8가지 법칙을 소개합니다.

▶ 영상의 처음과 끝을 자연스럽게 연결하기

영상의 시작과 끝이 자연스럽게 이어지면서, 계속해서 반복 재생되도록 하여 체류 시간을 늘리는 방법입니다. 영상이 끝났는지 알 수 없을 만큼 매끄럽게 연결되는 것이 이 콘텐츠의 특징입니다.

출처: 유튜브 '레시피 읽어주는 여자'

▶ 첫 3초에서 승부 보기

사람들이 쇼츠를 시청할 때 얼마나 빠른 속도로 넘기는지 알고 있나요? 거의 1초 만에 다음 영상으로 넘어갑니다. 이 짧은 시간 안에 내 콘텐츠가 시청자의 관심을 끌어야 하므로 첫 3초가 매우 중요합니다. 시청자가 3초라는 짧은 시간 안에 흥미를 느끼지 못하면 영상을 넘겨 버릴 가능성이 높기 때문입니다.

유튜브 쇼츠는 사람들이 내 영상을 얼마나 시청하고 반응하는지에 따라 떡상할 확률이 달라집니다. 따라서 자극적인 시각 요소나 흥미로운 질문, 공감할 수 있는 카피로 영상을 시작하는 등 다양한 방법으로 첫 3초의 강렬함을 넣어 관심을 유발하는 것이 중요합니다. 초반 3초 알고리즘 전략에서는 다음 다섯 가지 요소를 고려해야 합니다.

❶ 영상 초반에 시선을 끌자

영상이 처음 시작하는 순간부터 관심을 끄는 문구로 시청자의 호기심을 자극합니다. 밝고 강렬한 색상, 빠른 화면 전환, 흥미로운 효과 등 자극적인 시각 요소로 시청자의 시선을 사로잡을 수도 있습니다.

출처: 유튜브 '슴슴도치', '마늘의 고수'

첫 3초에 궁금증을 유발하는 문구로
시선을 사로잡았어요!

❷ 핵심 가치를 빠르게 전달하자

전달하고 싶은 핵심 가치나 주제를 간결하고 명확하게 전달합니다. 긴 설명보다 핵심 2~3가지만 짧게 전달하는 것이 중요합니다. 또, 영상의 주제나 내용이 무엇인지 초반에 분명하게 제시하여 시청자가 앞으로 내용을 기대할 수 있게 합니다.

❸ 손을 멈추게 하는 음악 효과를 삽입하자

흥미로운 배경음악이나 상황에 적절한 효과음으로 시청자의 청각을 사로잡습니다. 영상의 분위기를 형성하고 시청자의 몰입감을 높일 수 있습니다. 콘텐츠의 내용이나 감성적인 순간을 음성으로 강조하여 시청자의 관심을 끌어도 좋습니다.

❹ 친근함을 부여하자

시청자에게 친근하게 다가갈 수 있는 톤과 스타일로 영상을 시작하면 시청자가 더 쉽게 다가옵니다. 시청자에게 말을 건네는 방식의 대화 콘텐츠를 도입부에 넣으면 마치 개인적인 이야기를 전하는 듯 친근하게 접근할 수 있습니다.

출처: 유튜브 '아가리어터', '종지부부'

❺ 결핍을 찾아 해결해 주자

영상 초반에 시청자가 공감할 수 있는 결핍을 이야기하여 관심을 유도한 뒤, 그 결핍의 해결책을 제시하거나 다음 영상에 해결책을 제시해 줄 것이라고 예고하여 시청자에게 궁금증을 유발합니다.

유튜브 쇼츠의 초반 3초를 효과적으로 활용하면 시청자의 이탈을 줄이고 영상을 끝까지 보게 유도할 수 있습니다. 중요한 것은, 시청자의 입장에서 콘텐츠를 생각해 보는 것입니다. 시청자의 관심사를 고려하여 영상을 구성하는 것이 이 전략의 핵심입니다.

▶ 연재 콘텐츠를 올려 반복 시청 유도하기

관련 주제로 쇼츠를 여러 개 만들어서 시리즈를 구성하거나 파트1, 파트2로 나눈 뒤 궁금한 시점에서 끊어 다음 영상으로 유도합니다. 콘텐츠 영상 끝에서 다음 쇼츠를 예고하는 것도 효과적인 방법입니다.

출처: 유튜브 '짤컷'

▶ 궁금증을 유발하는 스토리텔링 기법 활용하기

짧은 시간 안에 강력한 스토리를 전달합니다. 시작, 본론, 결말이 명확한 구조로 시청자가 영상을 끝까지 보도록 설계합니다. 시작부터 본론을 궁금하게 하는 것이 스토리텔링 기법의 핵심입니다.

출처: 유튜브 '이시연연'

▶ 빠른 화면 전환 & 시각 요소 최적화하기

화면을 빠르게 전환하면 사람들이 영상을 끝까지 볼 수 있도록 만드는 주목 효과가 생깁니다. 인기 있는 TV 예능을 보면 센스가 돋보이는 자막이나 화려한 효과가 눈에 띄는데요. 마찬가지로 그래픽, 자막 등을 사용해서 시청자의 시선을 사로잡는 것입니다. 영상의 화질이 좋을수록 시청자가 더 오래 머무를 가능성이 높습니다.

출처: 유튜브 '짤컷'

▶ 관련성 높은 콘텐츠 제공하기

내가 사용한 키워드와 채널 핵심 타깃의 관심사를 파악하고 그에 맞는 콘텐츠를 제작합니다. 시청자가 관심 있는 주제라면 간단한 기초 영상이라도 더 오래 시청할 확률이 높습니다. 사람들의 관심사를 찾으려면 앤서더퍼블릭 웹 사이트를 이용해도 좋고, 관련 카페나 블로그, 유튜브, 인스타그램에서 사람들이 쓴 글이나 댓글, 질문을 보며 어떤 것을 궁금해하는지 확인할 수 있습니다.

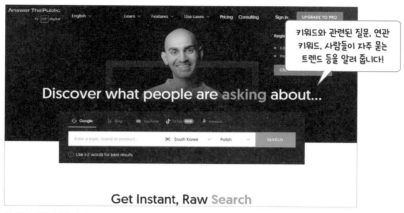

키워드와 관련된 질문, 연관 키워드, 사람들이 자주 묻는 트렌드 등을 알려 줍니다!

앤서더퍼블릭 웹 사이트(answerthepublic.com)

▶ 시청자의 참여 유도하기

영상 내에서 질문을 던져 구독이나 댓글 참여를 유도하는 방법입니다. 사람들은 의외로 '구독'과 '좋아요'를 유도하는 것에 반응합니다. 특히 기발한 방법으로 유도하면 참여도는 더 올라가죠. '귤까고앉아있네' 유튜브 채널에서는 '귤 껍질을 까는 영상인데, 이런 쓸데없는 영상에 왜 좋아요, 구독을 누르시는지 궁금하다'라는 말로 114만 회라는 폭발적인 조회수를 달성했습니다. 이런 센스 있는 참여 유도는 사람들의 반응을 끌어내는 데 효과적입니다.

출처: 유튜브 '귤까고앉아있네'

▶ 호기심을 자극하는 카피 삽입하기

제목이나 콘텐츠 영상의 초반 3초에 궁금증을 불러일
으키거나 자극적인 카피성 문구를 넣어 시청자가 영
상을 끝까지 볼 수 있도록 유도할 수 있습니다.

출처: 유튜브 '짤컷'

여기서 소개한 8가지 전략을 종합적으로 활용해서 영상을 제작하면 시청자가 유튜
브 쇼츠를 시청하는 체류 시간을 늘리고 알고리즘에게 선택받을 확률을 높일 수 있
습니다.

모르면 손해 보는
유튜브 수익화

▶   ⋯   👍   💬   ➜

이번 장에서는 유튜브 파트너 프로그램과 협찬·제휴를 하거나 제품 판매로 이어지는 유튜브 쇼핑, 다른 사이트나 플랫폼 유입으로 이중 광고 수익을 얻기까지 수익 파이프라인을 확장하는 방법을 다룹니다. 그리고 제휴 서비스를 활용해서 수익을 다각화하는 방법도 살펴봅니다. 이러한 수익화 모델을 활용할 때 알아 둬야 할 유튜브의 수익화 원리 4단계까지 이해하면 유튜브의 기본 메커니즘을 좀 더 쉽게 파악할 수 있습니다.

유튜브 파트너 프로그램으로
광고 수입 올리기

흔히 '나도 유튜브 해서 돈 벌어 볼까?'라고 이야기하는 건 바로 동영상에 광고를 삽입하여 수익을 창출하는 것을 뜻합니다. 하지만 유튜브가 모든 유튜버에게 광고 수익을 주는 건 아니고 '유튜브 파트너 프로그램' 심사에 통과해야 걸맞은 수익을 창출할 수 있습니다. 유튜브 파트너 프로그램은 크리에이터들이 콘텐츠를 통해 수익을 창출할 수 있도록 돕는 서비스로, 심사에 통과하면 다양한 수익 창출 방법이 제공되고 안정된 수익원을 확보할 수 있습니다.

2단계 수익 창출 방법인 보기 페이지 광고

그렇다면 어떤 조건을 충족해야 유튜브 파트너 프로그램에 신청할 수 있을까요?

▶ 유튜브 파트너 프로그램의 조건과 방법

유튜브 파트너 프로그램의 자격 요건은 1단계와 2단계로 나뉩니다. [필수] 항목은
반드시 수행해야 하는 요건이고 [택1] 항목은 둘 중 하나만 만족해도 유튜브 파트너
프로그램에 참여할 수 있습니다.

단계	자격 요건
1단계	[필수] 구독자 500명 달성 + 지난 90일 동안 동영상 최소 3개 이상 업로드 [택1] 최근 1년 동안 시청 시간 3,000시간, 지난 90일 동안 쇼츠 조회수 300만 회
2단계	[필수] 구독자 1,000명 달성 [택1] 최근 1년 동안 시청 시간 4,000시간, 지난 90일 동안 쇼츠 조회수 1,000만 회

1단계 자격 요건을 충족하고 심사 승인이 완료되면 유튜브 파트너 프로그램으로 수
익을 창출할 수 있습니다. 1단계 조건에 도달했을 때 수익을 창출하는 방법으로는
시청자에게 멤버십 가입을 유도하거나 슈퍼 챗, 슈퍼 땡스 등 후원을 받는 방법이 있
습니다. 또, 판매할 만한 굿즈나 관련 상품이 있다면 쇼핑 기능을 연결할 수도 있습
니다.

유튜브 '조코딩'에서 제공하는 멤버십 전용 강의

멤버십, Supers, 쇼핑 기능으로 수익을 창출하는 방법은 다음과 같습니다.

1단계 수익 창출 방법	설명
멤버십	월간 유료 회원을 위한 회원 전용 혜택을 제공하여 시청자의 관심을 유도합니다. 시청자가 내 채널과 동영상 페이지에서 가입할 수 있고, 시청자가 멤버십에 가입하면 크리에이터에게 순수익의 70%가 지급됩니다.
Supers	슈퍼 챗(Super Chat), 슈퍼 스티커(Super Sticker), 슈퍼 땡스(Super Thanks)가 있으며, 커뮤니티와 소통하고 후원을 받을 수 있습니다. 라이브 스트리밍 중에 팬들이 메시지나 스티커를 구입하여 지원할 수 있습니다.
쇼핑	유튜브에 온라인 스토어를 연결하여 채널의 상품 섹션처럼 제품을 홍보합니다.

2단계 수익 창출 방법 역시 자격 요건을 충족하고 심사 승인을 받아야 합니다. 우리가 영상을 시청할 때 중간중간 뜨는 광고에서 나는 수익이 이에 해당합니다.

2단계 수익 창출 방법	설명
보기 페이지 광고 (롱폼 영상)	동영상 앞뒤 또는 동영상 내에 표시되는 광고, 그리고 동영상을 시청하는 유튜브 프리미엄 구독자로부터 수익을 창출할 수 있습니다. 우리가 잘 알고 있는 동영상에 광고를 삽입하여 수익을 얻는 수익 창출 방법입니다.
Shorts 피드 광고	쇼츠 피드에서는 쇼츠 동영상 사이에 표시되는 광고, 그리고 쇼츠 동영상을 시청하는 유튜브 프리미엄 구독자로부터 수익을 창출할 수 있습니다.

? 궁금해요! **유튜브와 수익을 어떻게 분배하나요?**

유튜브 쇼츠의 광고 수익은 쇼츠 사이 광고에서 발생하며, 크리에이터는 55%의 수익을 가져갑니다. 나머지 45%는 음악 저작권료와 유튜브 운영 비용으로 쓰입니다. 채널 멤버십, 슈퍼 챗, 슈퍼 스티커, 슈퍼 땡스, 제품 보기 수익 등에서 유튜브는 수익의 30%를 수수료로 가져가고, 나머지 70%는 크리에이터에게 지급됩니다. 스토어 기능으로 판매되는 상품의 수익 분배는 카페24, 쇼피파이(Shopify) 등 유튜브와 수수료 공제 없이 직접 연결된 제휴사나 플랫폼의 계약 조건에 따라 결정됩니다.

제품 판매로 이어지는 유튜브 쇼핑

'유튜브 쇼핑'은 유튜브에서 제공하는 정말 강력한 수익화 서비스입니다. 유튜브 쇼핑은 크리에이터가 유튜브 채널에서 제품을 판매할 수 있도록 돕는 기능으로, 유튜브 파트너 프로그램 1단계 심사 승인을 받아야 사용할 수 있습니다.

유튜브 쇼핑 기능을 활성화하면 제품 태그와 구매할 수 있는 상품 목록이 화면에 나타나며, 라이브 스트림에서도 실시간으로 제품을 소개하고 판매할 수 있습니다. 국내에서는 카페24와 연동하여 크리에이터의 자사몰을 쉽게 연동할 수 있습니다. 유튜브 채널의 [스토어] 탭에서 제품을 살펴볼 수 있도록 게시하면 됩니다.

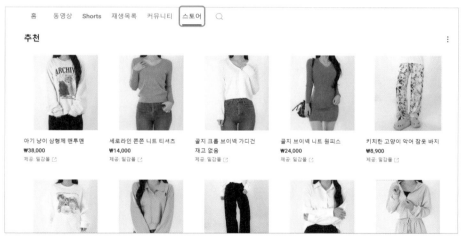

출처: 유튜브 '지뻔뻔'

쇼츠에서도 제품을 태그해서 시청자에게 구매를 유도할 수 있습니다. 쇼츠 영상 왼쪽 하단에 [제품 보기]를 탭하면 제품이 나타나게 하는 것이죠.

유튜브에서 쇼핑 기능을 활용한 수익 창출 방법으로 '유튜브 쇼핑 제휴 프로그램에 가입해서 제품 판매 수수료를 받는 것'과 '유튜브 쇼핑에서 제품을 직접 판매하는 것' 두 가지를 순서대로 살펴보겠습니다. 07-2절 실습은 전부 PC로 진행하세요.

하면 된다! } 제휴 프로그램 가입하고 제품 연결하기

만약 내가 판매할 제품이 없다면 유튜브 쇼핑 제휴 프로그램에 가입해 보세요. 영상 관련 제품을 내 유튜브 채널에 등록해서 판매가 일어나면 판매 수익에서 수수료를 분배받는 구조입니다.

▶ 유튜브 쇼핑 제휴 프로그램은 구독자가 1만 명이 넘으면서 시청자층이 아동용으로 설정되어 있지 않아야 합니다. 동시에 채널에 아동용으로 설정된 동영상이 많지 않아야 한다는 조건에도 부합해야 합니다.

01 ❶ 유튜브 스튜디오에 접속해 [수익 창출]을 클릭합니다. ❷ [Shopping] 탭을 선택하고 ❸ 제휴 프로그램 가입에서 [사용 설정]을 클릭합니다.

02 ❶ 제휴 프로그램 사용 안내 영상을 시청한 뒤 [계속]을 클릭합니다. ❷ 약관에 동의하고 ❸ [프로그램 가입]을 클릭합니다.

03 영상과 관련된 제품 등록하기

❶ [콘텐츠 → 동영상]에서 ❷ 제품을 연결할 콘텐츠를 선택하면 [동영상 세부정보] 페이지로 이동합니다. ❸ 화면 오른쪽 하단에서 [제품]을 클릭합니다.

04 ❶ [제품 태그하기] 페이지에서 태그할 제품 키워드를 검색하면 키워드와 관련된 상품이 목록에 나타납니다. ❷ 태그할 제품의 + 아이콘을 클릭하면 ❸ 오른쪽 목록에 나타납니다. ❹ [완료]를 클릭합니다.

05 ① 이제 [동영상 세부정보] 페이지의 오른쪽 하단에 [태그된 제품 2개]라고 나타
납니다. ② [저장]을 눌러 동영상 정보를 저장합니다.

06 제품을 태그한 영상을 재생하면 ① 화면 왼쪽 아래에 [제품 보기]가 나타나고 ②
설명란 하단에 태그한 제품이 보입니다. ③ [제품 보기]를 클릭하면 태그한 제품의 상
세 정보를 볼 수 있는 [제품] 페이지가 뜹니다.

하면 된다! } 카페24 쇼핑몰과 연동하기

이번 실습부터는 내 제품을 판매할 수 있는 유튜브 쇼핑 기
능을 살펴봅니다. 유튜브에 카페24 쇼핑몰을 연동하면 개
인 채널의 [스토어] 탭에서 채널 관련 상품을 모아 볼 수 있

cafe24

카페24 로고

습니다. 또는 유튜브와 연결된 카페24 쇼핑몰을 바로 만들어 제품을 게시할 수도 있
습니다. ▶ 제휴 프로그램과는 달리 유튜브 파트너 프로그램
1단계 승인만 받으면 이용할 수 있습니다.

01 유튜브 쇼핑 연결하기

❶ 유튜브 스튜디오에서 [수익 창출 → Shopping]에 들어간 후 ❷ 스토어에서 [연결]
을 클릭합니다. ❸ 스토어 선택 창에서 스토어 종류를 [YouTube Shopping Store by
Cafe24]로 선택하고 ❹ [계속]을 클릭합니다.

▶ 국내 쇼핑몰은 카페24에서만 전용 스토어를 지원합니다.

02 카페24에서 유튜브 쇼핑 시작하기

카페24 유튜브 쇼핑 페이지로 이동하면 [Google 계정으로 시작하기]를 클릭하고 유튜브 쇼핑과 연동할 구글 계정으로 로그인합니다.

카페24 유튜브 쇼핑 페이지(www.cafe24.com/youtubeshopping/about.html)

03 로그인한 구글 계정에 대한 액세스 요청에 동의하기 위해 ❶ [모두 선택]에 체크 표시하고 ❷ [계속]을 클릭합니다.

04 카페24 계정 생성하기

❶ 이름, 생년월일/성별, 휴대폰 번호를 입력한 후 ❷ [전체 동의합니다.]에 체크 표시하고 ❸ [인증번호 요청]을 클릭합니다. ❹ 문자로 전송된 인증번호 6자리를 입력하고 ❺ [인증 완료]를 클릭합니다.

05
❶ 쇼핑몰 아이디를 입력하고 ❷ [전체 동의합니다.]에 체크 표시한 후 ❸ [카페24 가입]을 클릭합니다.

06 유튜브 판매자 센터 계정 생성하기

❶ 연결된 유튜브 구글 계정을 확인하고 [전체 동의합니다.]에 체크 표시합니다. ❷ [다음]을 클릭합니다.

07 ❶ 전화번호를 입력하고 문자 메시지 또는 음성 통화로 전화번호를 인증합니다. 인증을 완료하면 [계정 생성] 버튼이 활성화됩니다. ❷ [계정 생성]을 클릭합니다.

08 유튜브 채널 선택하기

❶ 판매를 시작할 유튜브 채널을 선택합니다. ❷ 유튜브 쇼핑 스토어 판매자 약관에 동의하고 ❸ [채널 선택]을 클릭합니다.

▶ 연동하고자 하는 채널이 없다면 로그인한 계정이 유튜브 채널이 생성되지 않은 계정은 아닌지 확인해 보세요.

09 유튜브 쇼핑 결제 정보 입력하기

유튜브 쇼핑을 사용하려면 결제 프로필을 설정해야 합니다. ❶ [결제 설정]을 눌러서 결제 정보를 입력할 수 있는 [고객 정보] 페이지로 넘어갑니다. ❷ 계좌 유형, 사업자 등록번호, 이름 및 주소, 기본 연락처, 월별 자동 결제, 카드 세부정보 등 유튜브 쇼핑 결제 정보를 입력하고 [신용카드 또는 체크카드 주소가 위의 주소와 동일합니다.]에 체크 표시한 뒤 ❸ [계속]을 클릭합니다.

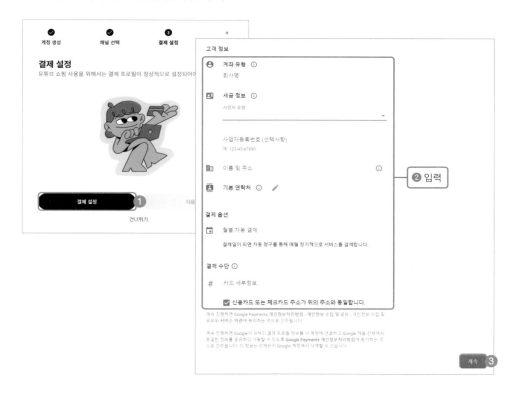

10 ① [결제 세부정보 추가됨] 페이지가 나타나면 [닫기]를 클릭합니다. ② [약관 동의] 페이지에서 [카페24 유튜브 쇼핑 서비스 이용약관에 동의합니다.]에 체크 표시해서 약관에 동의하고 ③ [시작]을 클릭합니다. 유튜브 쇼핑 연동을 완료했습니다.

하면 된다! } 유튜브 쇼핑 결제 서비스 신청하기

유튜브 쇼핑을 활성화하려면 결제 서비스까지 신청해야 합니다. 앞의 실습에 이어 카페24 유튜브 쇼핑 관리자 페이지에서 결제 서비스를 신청해 보겠습니다.

01 결제 서비스 신청하기

결제 서비스 [신청하기]를 클릭합니다.

▶ 결제 서비스를 신청하려면 먼저 유튜브 쇼핑에 사업자 등록이 되어 있어야 합니다.

02 결제 서비스의 수수료를 확인하고 ❶ 약관동의 아래 [전체 동의합니다.]에 체크 표시한 다음 ❷ [신청하기]를 클릭합니다.

03 쇼핑몰 정보와 판매자를 확인하는 단계가 나타납니다. ❶ 쇼핑몰 정보에서는 정산받을 기본 정보를 입력한 다음 ❷ [거래대금 입금계좌 제공에 동의합니다.]에 체크 표시하고 ❸ [다음]을 클릭합니다.

04 다음으로 판매자 확인 페이지에서는 자금세탁방지법을 확인합니다. ❶ 대표자가 본인이며 실제 소유자가 맞는지 확인하고 ❷ [다음]을 클릭합니다.

05 ❶ 대표자 신분증, 사업자등록증 사본, 추가 서류에서 [파일 선택하기]를 눌러 서류를 각각 업로드하고 ❷ [본인 인증 후 서비스 신청하기]를 클릭합니다.

06 ❶ 신청인을 확인하는 추가 정보를 입력하고 ❷ [개인(신용)정보 수집 및 이용 동의]에 체크 표시한 후 ❸ [인증번호 보내기]를 클릭합니다. ❹ 전송된 인증번호를 입력하고 ❺ [인증하기]를 눌러 인증을 완료합니다.

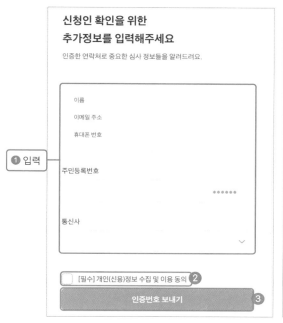
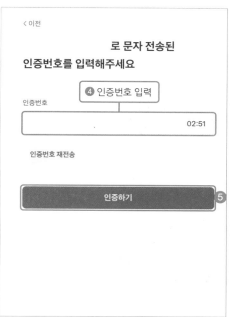

07 결제 서비스 신청을 완료했습니다. [확인]을 클릭합니다. 신청서가 접수되면 영업일 기준으로 3~7일 심사한 후 문자와 이메일로 안내장이 발송됩니다.

신청을 마쳐도 상품 판매에 필요한 심사에 통과해야 유튜브 쇼핑 서비스를 이용할 수 있습니다. 이어서 서비스 허가를 받기 위한 상품 등록 방법을 알아보겠습니다.

하면 된다! } 심사를 위한 상품 등록하기

유튜브 쇼핑 허가 심사를 받으려면 상품을 1개 이상 올려야 하고, 상품 상세 화면 하단에 심사에 필요한 정보가 입력되어 있어야 합니다.

01 상품은 카페24 유튜브 쇼핑 관리자 페이지의 [상품 → 상품 등록 → 일반 등록]에서 등록할 수 있습니다.

02 상품을 등록하려면 필수 항목인 ❶ 상품명, ❷ 상품 요약 설명, ❸ 판매 상태, ❹ 카테고리, ❺ 판매가를 반드시 입력해야 합니다. 판매 상태는 [판매함]으로 설정해야 제품을 판매할 수 있습니다. 부가 정보인 상세 페이지, 대표 이미지, 배송 정보 등 추가 정보도 함께 입력합니다. ❻ 모두 입력했다면 [저장하기]를 클릭합니다.

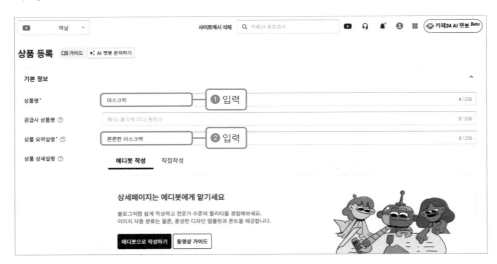

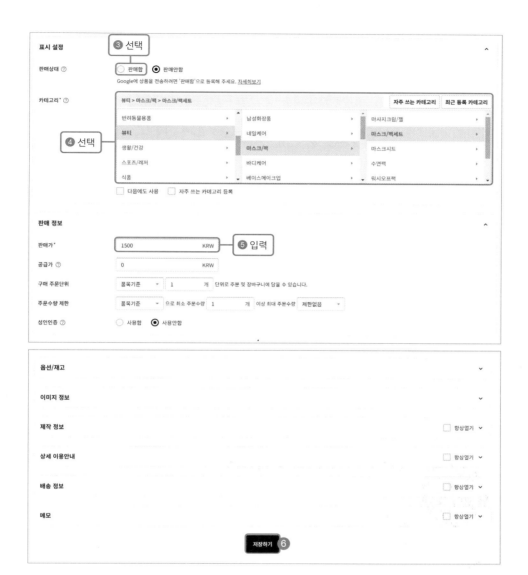

다른 웹 사이트나 플랫폼 유입으로 이중 광고 수익 얻기

유튜브 파트너 프로그램이나 협찬, 광고 말고도 내가 운영하는 다른 웹 사이트나 플랫폼 유입으로 이중 광고 수익을 얻을 수 있다는 걸 알고 있나요? 유튜브 채널과 관련 있는 블로그를 운영한다면 구독자들이 더 많은 정보를 얻기 위해 내 블로그로 들어오기도 합니다. 결국 블로그의 광고 수익까지 이중으로 챙길 수 있어서 매우 효과적입니다.

예를 들어 간단한 요리 레시피를 알려 주는 '자취요리신' 채널에는 레시피를 궁금해하는 댓글이 달린 영상 콘텐츠가 많습니다. 이런 경우 블로그에서 자세한 레시피를 볼 수 있도록 유도하면 이중 수익을 얻을 수 있죠. 프로필 링크에 이중 수익을 낼 수 있는 내 웹 사이트나 플랫폼 링크를 입력해 접속을 유도할 수도 있습니다.

출처: 유튜브 '자취요리신'

▶ 유튜브 프로필 링크에 블로그 링크 걸기

❶ 프로필 링크는 유튜브 스튜디오(studio.youtube.com)의 [맞춤설정 → 기본 정보]에 서 설정할 수 있습니다. ❷ [링크 추가]를 클릭하고 내 웹 사이트 또는 플랫폼의 URL 을 입력해서 추가하면 됩니다. 링크는 여러 개 추가할 수 있습니다. ❸ 링크를 모두 추가했다면 화면 오른쪽 상단에 있는 [게시]를 클릭합니다.

▶ [연락처 정보]를 입력하면 비즈니스 문의를 할 수 있는 이메일 주소가 채널의 정보 섹션에 표시됩니다.

쇼츠에서는 시청자들이 채널 프로필 링크를 클릭하기 편리하도록 콘텐츠 고정 댓글 에서 안내합니다.

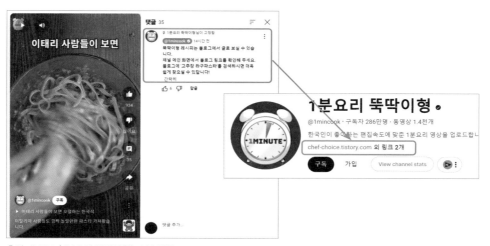

출처: 유튜브 '1분요리 뚝딱이형' 쇼츠 댓글

또는 관련 동영상을 설정해 긴 영상으로 유도한 뒤 이 영상의 댓글에 블로그 링크를 넣어 클릭할 수 있도록 합니다. 유튜브 정책에 따라 쇼츠는 댓글에서 링크로 바로 이동할 수 없지만 긴 영상에서는 댓글에 있는 링크를 클릭할 수 있거든요.

출처: 유튜브 '1분요리 뚝딱이형' 긴 영상 댓글

링크를 클릭해서 사이트에 들어가면 레시피가 있는 블로그 포스팅과 함께 광고가 표시되는 것을 볼 수 있습니다. 이렇게 이중으로 광고 수익을 얻을 수 있습니다.

출처: 자취요리신 님의 티스토리 블로그

링크 클릭으로 얻는 수익 창출!
제휴 서비스 정복하기

내 영상을 보고 제품 사이트에 클릭이 일어나거나 제품을 구입한 경우에도 수익을 창출할 수 있습니다. 바로 '제휴 서비스'라는 것인데요. 누군가 내 고유 링크를 통해 제품 구입 페이지를 보거나 제품을 구입하면 수수료를 받는 것입니다.

여기서는 유튜브 채널과 겸해서 운영할 수 있는 대표적인 제휴 서비스 4가지를 알아보겠습니다. 바로 **쿠팡 파트너스, 뉴스픽 파트너스, 알리익스프레스 어필리에이트, 아마존 어소시에이트**입니다. 우리나라 기업으로 쉽게 접근할 수 있는 쿠팡 파트너스는 등록하는 방법까지 실습하면서 자세히 살펴보겠습니다.

▶ 쿠팡 파트너스

쿠팡 파트너스는 유튜브, 블로그 등 내 사이트에서 쿠팡 파트너스 링크를 클릭해 들어온 방문자가 제품을 구매하면 제품 금액의 일부를 수익으로 지급해 주는 서비스입니다. 심지어 쿠팡 파트너스 링크를 타고 들어가 또 다른 상품을 구매하더라도 해당 링크로 접속해서 들어간 24시간 안에 구입한 모든 상품 수익의 N%를 지급받을 수 있습니다.

coupang
partners

쿠팡 파트너스 로고

하면 된다! } 쿠팡 파트너스 회원 가입하기

쿠팡 파트너스로 활동하려면 쿠팡 회원이어야 하고 쿠팡 파트너스 계정을 따로 생성해야 합니다. 쿠팡 파트너스에 회원 가입하는 방법부터 천천히 따라 해보세요. 이미 쿠팡 파트너스에 가입한 회원이라면 이 실습은 건너뜁니다. ▶쿠팡에 회원 가입하는 방법은 따로 다루지 않습니다.

01 쿠팡 파트너스 웹 사이트(partners.coupang.com)에 접속하고 쿠팡 계정으로 로 그인합니다. [회원가입]을 클릭합니다.

02 ❶ 사업자 유형을 [개인]으로 선택하고 ❷ 인증정보 확인 및 필수 약관에 체크 표 시한 후 ❸ [다음]을 클릭합니다. ❹ 전화번호와 ❺ 이메일을 입력한 뒤 ❻ [다음]을 클릭합니다.

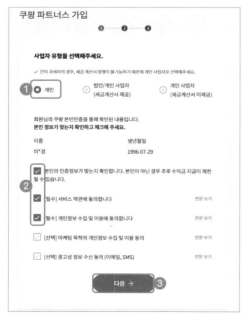

▶ 장기적으로 수익을 창출하려면 [개인 사업자] 이상으로 등록하는 것이 좋습니다. 사업자 유형은 가입 이후 쿠팡 고객센터 이메일(partners@coupang.com)로 문의하면 변경할 수 있습니다.

03 ❶ [웹사이트 목록]에 쿠팡 파트너스나 배너를 게시할 유튜브 채널의 링크를 입력하고 ❷ [추가하기]를 클릭합니다. ❸ 웹 사이트를 추가하면 링크 왼쪽에 [추가 완료] 표시가 나타납니다. ❹ [모바일 앱 목록]에는 유튜브 앱 다운로드 페이지 링크 2가지를 모두 입력합니다.

- 구글플레이: https://play.google.com/store/apps/details?id=com.google.android.youtube
- 앱 스토어: https://apps.apple.com/kr/app/youtube/id544007664

❺ [네, 확인했습니다.]에 체크 표시하고 ❻ [다음]을 클릭합니다.

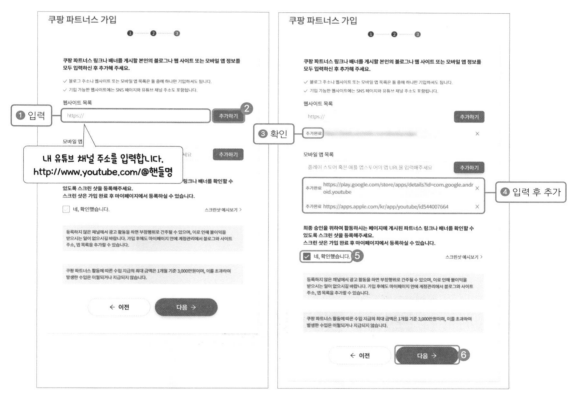

▶ 스크린샷은 실제 내 유튜브 채널에 쿠팡 파트너스를 어떻게 홍보하는지 보여 주는 역할로 가입 이후 따로 업로드하면 됩니다.

04 ❶ 회원정보 확인 화면이 나타나면 쿠팡 계정 비밀번호를 입력하고 ❷ [확인]을 클릭합니다. ❸ 쿠팡 파트너스 회원 가입이 완료됐다는 창이 표시되면 한 번 더 [확인]을 클릭합니다.

 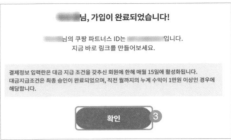

05 내 정보 수정하기

❶ 쿠팡 파트너스 메인 페이지에서 계정 아이콘을 클릭하고 ❷ [내 정보 관리]를 선택합니다.

06 가입할 때 입력한 [웹사이트 목록] 링크 오른쪽에 [스크린샷]이 표시됩니다. ❶ [스크린샷]을 클릭해서 ❷ 내 채널을 스크린샷한 파일을 선택한 후 ❸ [열기]를 클릭해 업로드합니다. ❹ [저장]을 클릭합니다.

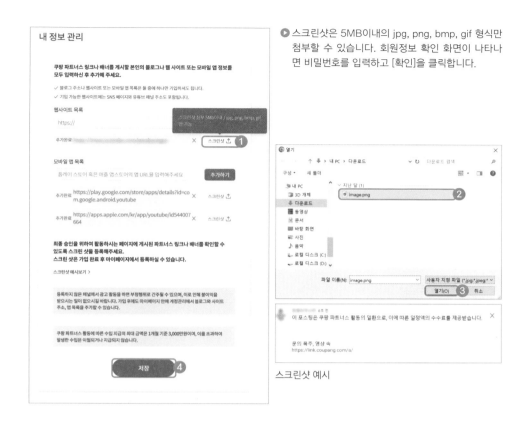

▶ 스크린샷은 5MB이내의 jpg, png, bmp, gif 형식만 첨부할 수 있습니다. 회원정보 확인 화면이 나타나면 비밀번호를 입력하고 [확인]을 클릭합니다.

스크린샷 예시

하면 된다! } 쿠팡 파트너스로 수익 내기

쿠팡 파트너스에서 수익 구조를 형성하려면 결제에 필요한 몇 가지 정보를 추가해야 합니다. 앞서 약관에 동의했던 스크린샷과 결제 정보를 추가한 뒤 상품 링크를 본격 생성해 보겠습니다. 단, 결제 정보 입력 페이지는 직전 월까지의 누계 수익이 1만 원 이상인 회원에게만 열리며, 매월 15일에 활성화됩니다. 따라서 조건을 갖춘 분들만 이 실습을 따라 할 수 있습니다.

01 쿠팡 파트너스 결제 정보 변경하기

❶ 마찬가지로 계정 아이콘을 클릭하고 ❷ [결제정보 변경]을 선택합니다. 수익금을 정산받을 결제 정보를 입력하는 화면이 나타납니다.

? 궁금해요! | **수익이 나자마자 정산받을 수 있나요?**

결제 정보는 첫 수익금이 최소 1만 원 이상 누적되면 입력할 수 있습니다. 즉, 1만 원 미만인 수익금은 정산이 이루어지지 않습니다. 개인에게는 첫 수익금을 지급하기 전에 대금 지급 정보 입력을 요청하는 안내 이메일이 발송됩니다. 사업자는 첫 수익금을 지급받기 전에 사업자등록증 사본과 입금받을 통장 사본을 업로드해야 합니다. 수익금은 별도로 지급 신청 과정 없이 수익이 발생한 달의 말일을 기준으로 45일이 지나면(익익월15일) 자동으로 지급됩니다. 더 자세한 내용은 '쿠팡 파트너스 이용 가이드'에서 확인할 수 있습니다.

쿠팡 파트너스 이용 가이드(partners.coupang.com/#help/partners-guide)

02 ❶ 이름과 주민등록번호, 전화번호, 이메일 등 대금을 정산받을 결제자 정보와 계좌 정보를 입력합니다. 계좌번호를 인증하고 ❷ [저장]을 클릭합니다.

03 쿠팡 파트너스 상품 검색하고 링크 생성하기

❶ 쿠팡 파트너스 메인 페이지에서 검색 창에 상품의 키워드를 입력해서 검색합니다. ❷ 검색 키워드와 관련된 상품 목록이 나타나면 홍보할 상품에 마우스 포인터를 올리고 [링크 생성]을 클릭합니다.

04 링크 생성 페이지에서 [URL 복사]를 클릭해 제품의 고유 링크를 복사합니다. 내유튜브 영상의 설명란이나 댓글, 채널 내 [커뮤니티] 탭, 프로필 링크 등에 복사한 링크를 붙여 넣으면 쿠팡 파트너스로 수익 낼 준비는 모두 끝납니다.

▶ 뉴스픽 파트너스

뉴스픽 파트너스는 크리에이터가 뉴스 기사를 큐레이션하고 이를 공유해서 수익을 창출하는 플랫폼입니다. 유튜브, SNS 등 다양한 온라인 채널에 공유한 특정 뉴스나 콘텐츠에서 발생하는 트래픽과 클릭 수를 기반으로 수익이 발생합니다.

뉴스픽 파트너스 로고

내가 큐레이션할 기사의 링크를 유튜브 채널의 긴 영상에 있는 설명란이나 댓글에 올려 두면 시청자들이 클릭할 때마다 수익금을 정산받는 방식입니다. 유튜브 채널의 [커뮤니티] 탭 또는 프로필 링크에도 입력할 수 있습니다. 수익금은 기사별로 다르게 책정됩니다.

뉴스픽 파트너스 웹 사이트(partners.newspic.kr)

뉴스픽 파트너스가 쿠팡 파트너스와 다른 점은 별도의 출금 신청으로 수익금을 출금할 수 있다는 것입니다.

이렇게 뉴스픽 파트너스를 이용하면 콘텐츠를 직접 제작하지 않고 타사의 콘텐츠를 큐레이션하는 것만으로 수익을 얻을 수 있습니다. 이슈, 연예, 유머 등 트래픽이 발생하는 유튜브 쇼츠를 큐레이션하여 링크를 소개하면 효과는 배가 될 수 있습니다.

▶ 알리익스프레스 어필리에이트

알리익스프레스
로고

알리익스프레스 어필리에이트(AliExpress Affiliate)는 알리익스프레스에서 제공하는 제휴 마케팅 프로그램입니다. 크리에이터가 알리익스프레스의 상품을 홍보하면서 판매가 발생하면 그에 따라 수익을 얻을 수 있습니다.

쿠팡 파트너스와 마찬가지로 상품을 검색하고 유튜브, SNS 채널 등에 링크를 공유하면 이 링크를 통해 발생한 판매 수익의 N%에 해당하는 수수료를 받습니다. 평균 수수료는 알리익스프레스 어필리에이트가 쿠팡 파트너스보다 좀 더 높은 편입니다. 수수료는 상품 카테고리와 판매량에 따라 다르게 책정되며 그 비율은 2~10%로 다양합니다. 예를 들어 전자 제품과 같은 카테고리는 수수료 비율이 낮은 편이고 패션 또는 뷰티 제품은 더 높은 수수료를 제공하기도 합니다.

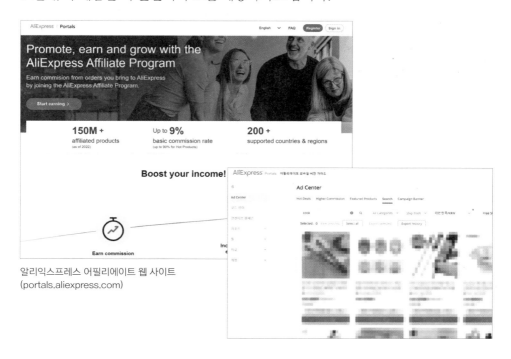

알리익스프레스 어필리에이트 웹 사이트
(portals.aliexpress.com)

알리익스프레스 어필리에이트의 가장 큰 장점은 전 세계적으로 배송할 수 있어서 지역에 상관없이 시청자들에게 상품을 홍보할 수 있다는 것입니다.

▶ 아마존 어소시에이트

아마존 어소시에이트(Amazon Associates)는 아마존이 제공하는 제휴 마케팅 프로그램입니다. 크리에이터가 아마존에서 판매되는 상품을 홍보하고, 발생한 판매액에 따라 수수료를 받습니다.

아마존 로고

크리에이터는 아마존에서 판매되는 특정 상품의 링크를 자신의 콘텐츠에 포함해 홍보합니다. 여타 사이트와 마찬가지로 해당 링크를 클릭한 사용자가 아마존에서 해당 상품을 구매하면 크리에이터는 해당 판매에 따른 수수료를 받습니다. 다양한 카테고리 상품을 제공하므로 콘텐츠를 폭넓게 제작하여 수익을 창출할 수 있습니다. 특히 세계 최대의 전자 상거래 플랫폼인 아마존의 방대한 상품군을 홍보하면 글로벌한 타깃층이 구매할 가능성이 높아집니다.

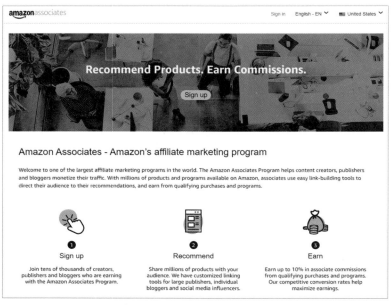

아마존 어소시에이트 웹 사이트(affiliate-program.amazon.com)

유튜브 수익화의 원리 4단계

유튜브 쇼츠는 짧은 시간에 많은 사람의 관심을 끌 수 있는 강력한 도구입니다. 그러나 단순히 영상을 업로드하는 것만으로는 수익을 창출하기 어려울 수 있습니다. 그래서 수익화의 원리를 이해하는 것이 중요합니다. 유튜브 수익화의 원리 4단계는 다음과 같습니다.

▶ 1단계: 채널 브랜딩하기

채널 브랜딩은 거창하게 생각하게 하지 않아도 됩니다. '우리 채널' 하면 떠오르는 '바로 그것'이 브랜딩입니다. 채널 브랜딩에서는 채널의 '정체성'을 명확하게 하는 것이 중요합니다. 정체성은 채널이 다루는 주제와 크리에이터의 브랜드를 모두 포함하며, 주제 또는 인물로 확립할 수 있습니다.

'주제'로 정체성을 확립하는 예시를 들어 보겠습니다. 백종원 님 하면 어떤 것이 떠오르나요? 보통 다양한 요리 레시피와 쉽게 따라 할 수 있는 요리 팁이 생각날 거예요. 같은 맥락으로 빠니보틀 님이라고 하면 여행 에피소드가 즉각 연상될 텐데요. 이처럼 채널을 생각하면 딱 떠오르는 주제가 바로 여기서 말하는 명확한 정체성입니다. 그렇다면 '인물'로 정체성을 확립하는 경우는 무엇일까요? 특정 주제에 얽매이지 않고 브이로그, 다이어트 식단 등 다양한 콘텐츠를 올리면서 인물 자체의 매력으로 시청자를 끌어들이는 인플루언서가 이에 해당합니다. 대표적으로 뷰티 관련 팁과 함께 브이로그, 먹방, 하울 등 자신의 일상을 보여 주는 아옳이 님을 들 수 있습니다. 이런 채널은 내 매력이 잘 드러나는 콘텐츠를 기반으로 해야 성공 확률을 높일 수 있습니다.

요리가 메인 콘텐츠인 백종원 님의 채널

다양한 콘텐츠를 올리는 아옳이 님의 채널

두 가지 브랜딩 방법 가운데 초반에 채널을 키워 나가기에 더 효과적인 방법은 카테고리를 기반으로 어떤 채널을 만들지 정하여 정체성을 확립하는 것입니다. 특정 주제를 검색하거나 알고리즘의 영향을 받아 내 채널로 유입하는 시청자에게 관심 있을 법한 콘텐츠를 제공해서 비교적 쉽게 구독자로 전환할 수 있기 때문입니다.

▶ 2단계: 관심사가 같은 시청자 모으기

다음은 내가 올리는 콘텐츠와 같은 카테고리에 관심사를 가진 시청자를 모으는 것입니다. 관심사가 유사한 시청자를 대상으로 하면 더 높은 참여율을 얻을 수 있습니다. 여기서 참여율은 '구독'을 하거나 '좋아요'를 누르거나 내가 무언가를 홍보했을 때 '구입'하는 전환율을 말합니다.

예를 들어 뷰티 카테고리의 영상을 올리는 채널에서 청소기를 홍보하거나 청소기 콘텐츠를 올린다면 뷰티 콘텐츠를 올렸을 때보다 사람들의 참여율이 적을 것입니다. 따라서 특정 주제에 집중하여 콘텐츠를 제작해서 올려야 관심사가 같은 시청자들이 모이고, 수익화 콘텐츠를 제작할 때에도 더욱 효과적입니다.

정비, 튜닝 등 자동차 정보를 다루는 유튜브 '차개미'에서 홍보하는 차량 용품

건강 정보를 제공하는 유튜브 '건강 똑소리'에서 홍보하는 건강 식재료

▶ 3단계: 설득하여 전환율 높이기

'좋아요'와 '구독'을 이끌어 내려면 시청자를 설득해야 합니다. 시청자를 효과적으로 설득하려면 어떤 콘텐츠를 궁금해하는지 분석해야 합니다. 시청자에게 가치를 제공하면 그만큼 시청하는 시간과 팬층이 증가하면서 수익화와 직결됩니다. 구독자가 별로 없더라도 수익화가 활발하게 이루어지는 채널은 이런 특징이 있습니다.

▶ 4단계: 지속적으로 분석하고 개선해 나가기

마지막으로 콘텐츠 성과를 일정한 주기로 분석하고 시청자의 반응을 바탕으로 콘텐츠를 꾸준히 개선해 나가야 합니다. 내 콘텐츠에서 제품을 홍보했는데 시청자의 반응이 없다면 먼저 분석을 해서 전환율이 높아지는 콘텐츠를 만들 수 있도록 다양하게 시도하는 것이 중요합니다. 유튜브 분석 도구를 활용하여 시청 시간, 클릭률, 시청자 유지율 등을 면밀하게 검토하고, 이 분석 데이터를 바탕으로 어떤 콘텐츠가 효과적인지, 어떤 부분을 개선할지 판단해서 다음 콘텐츠를 만들 때 반영해야 합니다.

찾아보기

유튜브를 처음 시작하는 분들을 위한 추천 도서!
컴퓨터를 잘 다루지 못해도 걱정하지 마세요. 차근차근 알려드려요

된다!
김메주의 유튜브 채널&영상 만들기

10만 조회수를 만드는 영상·쇼츠의 비밀
63만 유튜버가 알려 주는 채널 운영 노하우까지!

김혜주 지음 | 380쪽 | 19,000원

된다!
7일 프리미어 프로 유튜브 영상 편집

영상 편집 1일 차도 예PD와 함께라면 7일 만에 프로가 된다!
예제마다 준비한 꼼꼼한 동영상 강의와 포토샵 특강까지!

김예지 지음 | 440쪽 | 22,000원